K-POP
LE FAN QUIZ

Crédits photos

Section photo
Page 1 : © Sebastian Gollnow/dpa/Alamy Live News
Page 2 : © Sebastian Gollnow/dpa/Alamy Stock Photo
Page 3 : © Lee Young-ho/Sipa USA/Alamy Live News
Page 4 : © Lee Young-ho/Sipa USA/Alamy Live News
Page 5 : © William Perez/Image Press Agency/Alamy Live News
Page 6 : © Chung Sung-Jun/Getty Images
Page 7 : © The Chosunilbo JNS/Imazins via Getty Images
Page 8 : © Takatoshi Kurikawa/Alamy Stock Photo
Page 9 : © Yonhap/Newcom/Alamy Live News
Page 10 : © Sport In Pictures/Alamy Live News
Page 11 : © Yonhap/Newcom/Alamy Live News
Page 12 : © Richard B. Levine/Alamy Stock Photo

Jeux
Fashion victim
Photo 1 : © Edward Berthelot/Getty Images
Photo 2 : © Marc Piasecki/Getty Images
Photo 3 : © JNS/Getty Images
Photo 4 : © Foc Kan/Getty Images
Photo 5 : © JNS/Getty Images
Photo 6 : © Han Myung-Gu/WireImage/Getty Images

Des premières historiques
Photo 1 : © Kent Nishimura/Los Angeles Times via Getty Images
Photo 2 : © Marc Piasecki/GC Images/Getty Images
Photo 3 : © John Shearer/Getty Images
Photo 4 : © David Wolff-Patrick/Redferns via Getty Images
Photo 5 : © Jeff Kravitz/FilmMagic/Getty Images
Photo 6 : © WENN Rights Ltd/Alamy Stock Photo

Important : ce livre n'est pas affilié, ni a été approuvé par BTS ou quelconque autre éditeur ou licence leur appartenant.

ISBN : 978-2-7014-0383-0
Dépôt légal : avril 2023
Achevé d'imprimer en France par l'imprimerie Chirat.

Hors Collection, un département d'Edi8
92, avenue de France – 75013 Paris

MATHIEU BERBIGUIER

K-POP
LE FAN QUIZ

HORS }{ COLLECTION

SOMMAIRE

UN PEU DE LECTURE

ET MAINTENANT, PLACE AUX JEUX !

UN PEU DE LECTURE

L'HISTOIRE DE LA K-POP, DE 1990 À NOS JOURS

★★★

La K-pop, c'est quoi exactement ?

Si tu as ouvert ce livre, c'est très probablement que tu te considères comme fan de K-pop. Mais au fait, t'es-tu déjà demandé ce qu'était *vraiment* la K-pop ? Il faut dire que personne n'est complètement d'accord sur sa définition. Certains journalistes aiment la qualifier de « genre musical venant de Corée du Sud », mais il faut dire que c'est très réducteur. La chercheuse Crystal A. Anderson a qualifié le terme « K-pop » de « parapluie », car il abrite toutes sortes de caractéristiques. Déjà, musicalement, la K-pop porte mal son nom, car c'est un mélange de différentes influences… qui ne concernent pas que la pop d'ailleurs ! Actuellement, la K-pop s'inspire de la musique du monde entier, que ce soient l'afrobeat ou même le reggaeton. Si on regarde un peu plus loin, la K-pop, c'est tellement plus que de la musique. Au fil des années, elle est devenue une vraie industrie qui petit à petit a réussi à se faire une place dans le courant mainstream. Je suis sûr que dans ton entourage, il y a de plus en plus de gens qui connaissent la K-pop maintenant ! Il faut dire qu'avec les réseaux sociaux et les plateformes de streaming, il est devenu très facile d'en écouter.

Mais rien ne vaut un saut dans l'histoire de la K-pop pour se faire sa propre définition. Prêt ? C'est parti !

Les débuts de la K-pop moderne (années 1990)

Bien qu'il soit possible de remonter à bien plus tôt pour découvrir les origines de la K-pop et les différentes influences qui ont mené à la K-pop telle que nous la connaissons aujourd'hui, nous allons prendre appui dans les années 1990.

Le premier chanteur de K-pop, bien que tout le monde ne soit pas d'accord, s'appelle Seo Tai-ji. Son groupe, Seo Taiji and Boys, a fait ses débuts en 1992 avec *I Know* (*Nan arayo* 난 알아요 en coréen). Dévoilée lors d'une émission équivalente à notre *La France a un incroyable talent*, la chanson n'a pas plu au jury, qui la trouvait vulgaire. Le refrain entêtant et les passages rap n'étaient pas à leur goût… et pourtant ! Ses paroles engagées et ses influences rappelant la musique populaire américaine ont fait mouche auprès des jeunes, chez qui la chanson a été un véritable hit. Il faut avoir en tête que la décennie 1990 est une période de renouveau en Corée du Sud. Cela ne fait que quelques années que le pays est une République avec un président élu au suffrage universel. L'embargo sur les produits culturels provenant de l'étranger (et notamment du Japon) vient d'être levé. Les jeunes Sud-Coréens commencent à s'ouvrir au monde et sont de plus en plus attirés par l'étranger, ils entendent d'autres musiques à la radio. Tout ce qui peut leur rappeler les chanteurs de pop américaine est bon à prendre !

Un air de rébellion souffle sur le pays : la démocratisation de la Corée ne s'est pas faite dans un climat très pacifique, et la jeunesse doit faire face à de nombreuses difficultés. Les paroles des chansons de Seo Tai-ji reflètent leurs revendications, ce qui explique pourquoi elles touchent autant la population. Ça ne vous rappelle pas un certain groupe composé de sept membres ? Mais pas trop vite, nous en reparlerons plus tard.

Le « Big Three » et les premières tentatives d'exportation (années 2000)

Avec le succès de Seo Taiji and Boys, très vite, la demande s'est fait sentir pour des groupes de musique avec des membres assez jeunes. Yang Hyun-suk, l'un des deux danseurs-choristes du groupe, fonde YG Entertainment en 1996, qui s'occupe aujourd'hui de groupes comme

BLACKPINK ou BIGBANG. L'année précédente, Lee Sooman, un producteur formé notamment aux États-Unis, avait créé SM Entertainment. C'est lui qui lance, en 1996, le « vrai » premier groupe de K-pop telle que nous la connaissons : H.O.T. Les cinq beaux gosses qui composent le groupe font tourner les têtes des jeunes Coréens. Après une première chanson dénonçant la violence scolaire, très dans la veine de Seo Taiji and Boys, ils sortent leur titre phare, *Candy*, dans un style beaucoup plus enjoué. Cette chanson fait un carton et lance leur carrière. Enfin, en 1997, le chanteur Park Jin-young crée JYP Entertainment. Ce sont ces trois labels, les plus importantes agences musicales de Corée du Sud, que l'on regroupe sous le terme de « Big Three ». S'inspirant des entreprises japonaises de divertissement, elles mettent en place un système de fabrication d'idoles semblable à celui de la J-pop (pop japonaise). Les talents sont repérés dès le plus jeune âge par différents moyens (casting sauvage, auditions…) et sont ensuite formés aux arts de la scène (chant, danse, rap, théâtre…) et aux langues étrangères, dans l'optique de viser le marché international. Parmi les groupes connus de cette époque, on peut citer Sechs Kies, les grands rivaux de H.O.T., mais aussi Shinhwa ou même g.o.d. Chez les filles, S.E.S. et Fin.K.L étaient les formations les plus connues, mais aussi Baby V.O.X et Diva.

À la fin des années 1990, et plus précisément en 1997, l'Asie du Sud-Est fait face à une grave crise économique qui force le marché de l'entertainment coréen à s'ouvrir vers l'international : H.O.T. se met ainsi au mandarin pour toucher le public sinophone et une nouvelle star de la K-pop spécifiquement prévue pour toucher le marché japonais apparaît : BoA. En plus de sa formation en chant et en danse, elle a dû apprendre le japonais, qu'elle parle couramment. En 2001, un an après ses débuts en Corée du Sud, elle part au Japon où elle connaît un succès supérieur à celui qu'elle rencontre dans son pays d'origine. À force d'enchaîner les titres, elle s'impose cependant comme une référence dans les deux pays, et même au-delà. Ce n'est pas pour rien qu'on l'appelle la reine de la K-pop !

LA VAGUE CORÉENNE ET L'ÂGE D'OR DE LA K-POP (FIN DES ANNÉES 2000-DÉBUT DES ANNÉES 2010)

Après des débuts un peu timides, la recette du « Big Three » commence à prendre et les groupes coréens s'exportent de mieux en mieux. Cette vague, qui porte le nom de *Hallyu*, en coréen, touche d'abord les voisins les plus proches, le Japon et la Chine, puis toute l'Asie jusqu'à atteindre l'Europe et l'Amérique du Sud ! Les groupes phares de cette période sont Super Junior, BIGBANG, Girls' Generation, TVXQ, Kara, SHINee, 2NE1, B2ST, 2PM, 4Minute, T-ara ou encore Wonder Girls. C'est une période que l'on qualifie d'« âge d'or », car les groupes se multiplient, les hits aussi, et le succès de la K-pop grandit en même temps. Bien que d'autres entreprises parviennent à insérer certains de leurs artistes, les entreprises du « Big Three » dominent et gèrent d'une main de maître l'expansion de l'influence de la K-pop à l'étranger. Cette période coïncide aussi avec l'arrivée des réseaux sociaux et des plateformes de streaming, dont YouTube qui joue un rôle très important dans la diffusion de la K-pop à travers le monde. En effet, si à cette époque il est difficile de regarder des clips d'artistes japonais sur YouTube, chaque entreprise coréenne a sa propre chaîne YouTube, sur laquelle elle met en ligne systématiquement les clips des nouvelles chansons qui sont ensuite relayées sur les réseaux sociaux en vogue à l'époque : Facebook, Tumblr, Twitter. En 2012, un vrai raz-de-marée déboule, c'est PSY et son fameux *Gangnam Style* ! Alors que la chanson est très ancrée dans le contexte coréen, car elle se veut satirique vis-à-vis de la haute société, la « danse du cheval » et le tempérament moqueur de PSY séduisent le monde entier. Le clip est un succès phénoménal et a été pendant cinq ans celui qui a totalisé le plus de vues sur YouTube, avant d'être détrôné en 2017 par *See You Again*, de Wiz Khalifa et Charlie Puth. De nombreux médias aiment dire que *Gangnam Style* a fait connaître la K-pop au monde entier, mais c'est sans prendre en compte deux groupes qui ont changé la donne.

LES DÉFERLANTES BTS ET BLACKPINK (À LA FIN DES ANNÉES 2010)

Certes, PSY est un artiste YG Entertainment et *Gangnam Style* peut être considéré comme faisant partie du « parapluie K-pop ». Mais c'est aux groupes BTS et BLACKPINK que la K-pop doit son véritable succès international.

Dans un contexte où la vague coréenne continue à se propager et où de nouveaux groupes font leurs débuts dans les entreprises du « Big Three », un Petit Poucet, du nom de BTS, fait son apparition. Issu de l'entreprise Big Hit Entertainment, créée par le producteur Bang Si-hyuk (un ami de Park Jin-young, le fondateur de JYP Entertainment), ce groupe de sept membres se veut différent des autres formations de K-pop, connues pour leurs concepts axés sur la musique pop. BTS, lui, est le premier groupe de K-pop aux consonances hip-hop. Les débuts sont difficiles : les membres du groupe s'attirent les foudres des rappeurs de l'underground coréen, qui n'acceptent pas ces *hip-pop idol*. Mais à force de ténacité, de travail, mais aussi de régularité avec des sorties échelonnées dans l'année, BTS se fait une place dans le panorama des groupes de K-pop. Autre particularité : BTS connaît d'abord le succès en dehors de la Corée, et plus particulièrement aux États-Unis, un marché très convoité par les groupes de K-pop. BoA avait bien essayé de faire ses débuts au pays de l'oncle Sam, mais sans grand succès ; d'autres comme Rain, Wonder Girls ou même Girls' Generation s'y étaient essayés après elle avec quelques réussites, mais rien de transcendant. Grâce à leur storytelling très adapté et leur parfaite maîtrise des réseaux sociaux, BTS réussit à faire montre d'une certaine authenticité, une valeur très importante pour le public américain. Intrigué par l'intérêt des fans nord-américains pour le groupe, le public coréen leur emboîte le pas : le tourbillon BTS est lancé ! Le groupe engrange et accumule records et récompenses, et permet à Big Hit Entertainment de prendre l'avantage sur les autres entreprises. Décrédibilisés, les « Big Three » ne font plus le poids. Big Hit Entertainment change de nom pour Hybe, rachète de nombreux concurrents et mène la course en tête dans les classements.

La fin des années 2010, c'est aussi l'apparition du tourbillon BLACKPINK. Le groupe, qui a débuté avec le label YG Entertainment dans l'ombre des grandes sœurs de 2NE1, a réussi, malgré le peu de chansons sorties à ses débuts, à retourner la sphère de la K-pop grâce à leur charisme. Certains pensent même que le groupe est plus connu du grand public que BTS… Libre à chacun de se faire son avis !

ET DE NOS JOURS ?

Où en est la K-pop ? Eh bien, il faut dire que bien du chemin a été parcouru. Si auparavant il fallait fouiller Internet de fond en comble pour dénicher le dernier album de son artiste de K-pop préféré, il suffit aujourd'hui d'aller dans le magasin de disques le plus proche pour l'acheter, ou tout simplement de se rendre sur une plateforme de streaming pour l'écouter. Il arrive même que l'on entende de la K-pop en musique de fond d'une émission télévisée ou à la radio. On voit des artistes coréens dans les campagnes de publicité des grandes marques de mode, en couverture de magazines, ou même dans les cérémonies de remises de prix internationales. Maintenant que le monde s'intéresse de plus en plus à la K-pop, il faudrait peut-être arrêter de considérer ce phénomène comme quelque chose de nouveau, non ?

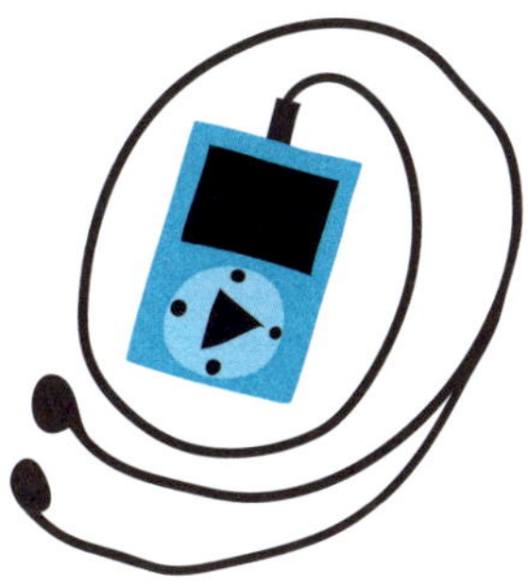

LA K-POP ET LES RÉSEAUX SOCIAUX

★★★

Il y a fort à parier que tu as, toi aussi, découvert la K-pop par « le plus grand des hasards » dans tes recommandations YouTube ou en scrollant ta *timeline* sur Twitter. Les réseaux sociaux sont en effet le canal qui a contribué le plus fortement à la popularité de la K-pop à l'étranger. La télévision et les autres médias traditionnels ont perdu et perdent encore de leur influence et de leur audience au profit des réseaux sociaux, sur lesquels nous passons beaucoup de temps. Les entreprises qui s'occupent des groupes de K-pop l'ont bien compris : pour toucher un public large, mieux vaut savoir les manier. Et sans eux, le grand public n'aurait pas eu accès à tant de contenu en rapport, de près ou de loin, avec la K-pop.

UN CONTENU QUI SE DIFFUSE TRÈS FACILEMENT

Le grand point fort des réseaux sociaux, c'est la vitesse folle à laquelle une information circule. Chaque groupe de K-pop, à ses débuts, dispose de comptes sur les réseaux sociaux du moment. En 2023, cette liste s'étendrait de Facebook à Twitter, YouTube, Instagram et TikTok. Le groupe va utiliser ses comptes pour promouvoir chaque retrouvaille ou come-back. D'habitude, ça commence par le teaser, quelques photos, des extraits des chansons, des extraits du clip, et enfin le produit final. Une fois la chanson et le clip dévoilés, les comptes sur les réseaux sociaux sont aussi utilisés pour tenir au courant les fans des différents événements auxquels les artistes participent. En Corée, ils utilisent d'ailleurs le mot anglais *schedule* (« programme ») pour communiquer sur toutes les étapes de promotion.

Comme tu l'as lu dans le chapitre qui retrace l'histoire de la K-pop, son âge d'or coïncide avec l'avènement des réseaux sociaux. C'est ainsi que de plus en plus de gens dans le monde ont connu la Corée. Avec le développement de la technologie, les jeunes générations sont devenues plus curieuses du monde qui les entoure. Le fait que la promotion de la K-pop se fasse de manière quasi exclusive sur les réseaux sociaux la rend facile d'accès et explique pourquoi sa popularité n'a fait que grandir. La K-pop, une « passade » ? Pas du tout !

La proximité avec le public

C'est l'autre grand avantage des réseaux sociaux : ils permettent aux groupes d'être proches de leur public. C'est d'ailleurs ce qui a motivé un grand nombre de personnes à créer un compte sur Twitter quand la plateforme a ouvert : la possibilité de communiquer avec ses stars préférées. Avec la K-pop, c'est la même chose. Les artistes créent à travers les réseaux sociaux un espace d'échange et de communication avec les fans. Prenons par exemple BTS : avant leurs débuts « conventionnels », les sept membres alimentaient un blog sur la plateforme LiveJournal qui retraçait leur formation d'artistes. Chaque membre s'y livrait à travers de courtes vidéos tournées dans leur ancien studio, dans un tout petit sous-sol du quartier de Hakdong, à Séoul. Une fois le groupe officiellement formé, les membres ont continué à donner personnellement des nouvelles aux fans *via* une chaîne YouTube et un compte Twitter, indépendamment des comptes officiels gérés par l'entreprise. Dans les années 2010, une des façons de communiquer directement avec les artistes était de participer aux #AskMeAnything (« Demandez-moi n'importe quoi ») sur Twitter. Les artistes de K-pop postaient le hashtag et répondaient ensuite aux questions de quelques petits chanceux triés sur le volet.

Plus tard, les artistes ont fait des lives streaming, notamment sur la plateforme V LIVE. Celle-ci a récemment fermé au profit de Weverse LIVE, une plateforme créée par Hybe, l'entreprise qui s'occupe de BTS et de TXT (TOMORROW X TOGETHER). Il faut dire que les membres de BTS ont été des précurseurs en matière de V LIVE, et tous les prétextes étaient bons. Un anniversaire ? Un V LIVE ! Une récompense ? Un V LIVE ! La fin d'une tournée ? Un V LIVE ! Un nouvel album ? Vous l'avez compris… Un V LIVE !

Aujourd'hui, tous les artistes de K-pop font du live streaming, et il y en a pour tous les goûts. Si vous êtes un Stay (fan de Stray Kids), le Chan's Room du dimanche (parfois le lundi) est l'un des rendez-vous à ne pas manquer : le leader de Stray Kids, Chan (ou Christopher pour les intimes), se connecte et évoque la semaine écoulée avec ses fans. Revêtant la casquette d'animateur radio, il passe des chansons et commente ce qui se passe en coulisses dans le monde de la K-pop. Bien qu'il soit difficile de lire les commentaires tellement ils défilent vite, Chan fait toujours un effort pour répondre aux questions et parfois même pour donner des conseils aux fans qui lui en demandent.

De nouvelles tendances

Qui dit réseaux sociaux dit aussi nouvelles tendances. Avec la popularité grandissante de TikTok, on a vu l'apparition des « challenges ». Ils accompagnent désormais chaque nouvelle chanson – le plus souvent, il faut se filmer en train de reproduire une partie de la chorégraphie. Il n'est pas rare de voir les artistes interagir et participer aux challenges des uns et des autres. As-tu déjà essayé de participer à un TikTok challenge ? Des TikTokeurs sont même allés jusqu'à créer un challenge pour une chanson qui n'en avait pas... C'est le cas de Reiner Acuario, qui a inventé une chorégraphie pour la chanson *Polaroid Love*, d'ENHYPEN. Elle a rapidement été reprise par de nombreux autres utilisateurs de la plateforme, et les membres du groupe ont fini par l'incorporer à leur tournée ! Cool, non ?

Dans la même veine que les lives streaming, on voit de plus en plus de podcasts dans lesquels les stars de K-pop apparaissent. L'exemple le plus pertinent est celui de l'artiste solo Eric Nam, qui, avec son frère, Brian Nam, a créé la plateforme Dive Studios. On peut y trouver toutes sortes de podcasts présentés par des artistes actifs dans l'industrie de la K-pop. Le premier podcast de la plateforme, *K-pop Daebak*, est présenté par Eric Nam lui-même. Chaque semaine, l'artiste revient sur les nouvelles sorties et reçoit les groupes ou les artistes afin de leur donner l'occasion non seulement de promouvoir leurs nouvelles chansons, mais aussi de dévoiler des facettes d'eux que le public connaîtrait peut-être moins. Un autre podcast phare de la plateforme, *Get Real* (« Soyons francs » en français), est présenté par Ashley, une ancienne membre du groupe Ladies' Code ; BM, un membre du groupe KARD ; Junny, un artiste-producteur solo, et Peniel, membre du groupe BtoB. Il offre un regard un peu différent sur l'industrie de la K-pop et ce qui se passe en coulisses.

ET ENFIN... LA POSSIBILITÉ DE SE RASSEMBLER !

Bien qu'il y ait de plus en plus de fans de K-pop en France, tu as sûrement déjà éprouvé cette frustration de n'avoir personne autour de toi pour partager ton amour de la K-pop. C'est bien pour cela que les réseaux sociaux sont super, car ils te permettent de faire des rencontres en un clic. Que ce soit grâce aux groupes ou aux pages sur Facebook, les mutus sur Twitter ou même les communautés d'autres réseaux sociaux comme Amino ou Fandom, tous les moyens sont bons pour se rassembler. Cela permet aussi de faire des connaissances en vue de participer ensemble à un événement futur comme un concert ou un *meet-up*. Des occasions pour transformer les amitiés virtuelles en vraies amitiés !

ÊTRE FAN DE K-POP, C'EST QUOI ?

★★★

C'est quoi pour toi, être fan de K-pop ? Comment qualifierais-tu ton amour pour la K-pop ? Est-ce que c'est toute ta vie, un passe-temps parmi tant d'autres ? Peu importe ta réponse, tu fais partie d'une vraie culture qui ne cesse de changer et de se réinventer. Dans cette partie, tu vas découvrir d'où vient cette culture bien particulière des fans de K-pop. Tu obtiendras par ailleurs la réponse à certaines des questions que tu pourrais te poser à propos des fans de K-pop en Corée.

Être fan en Corée

La culture de fan de K-pop, telle que nous la connaissons, provient des années 1990. Ça ne vous rappelle rien ? Et si, notre petite histoire de la K-pop du début du livre ! À cette époque, la compétition fait rage entre les fans de H.O.T. (groupe de SM Entertainment) et Sechs Kies (groupe de DSP Entertainment) qui ne peuvent vraiment pas se voir en peinture. Si de nos jours de nombreux groupes de fans s'affrontent sur Internet, à cette époque, les combats avaient lieu entre les artistes ! Mais pourquoi tant d'animosité ? Il faut garder à l'esprit que l'industrie de la K-pop est basée sur une valeur importante de la société coréenne : la compétition. Très jeunes, les Coréens sont conditionnés par leur système scolaire très compétitif à être les meilleurs. À chaque période d'examens, les étudiants sont triés, dans leur classe, mais aussi au niveau de l'école. Le bac coréen est un concours. Peu importe si l'on a de très bonnes notes tout le long de l'année, si on ne fait pas partie des meilleurs à l'examen, on n'a aucune chance d'intégrer l'université envisagée. Dans ce climat, alors que l'industrie de la K-pop commence à s'organiser avec l'essor des « Big Three », la compétition fait rage entre les différents groupes. Pour H.O.T. et Sechs Kies, la compétition est d'autant plus acharnée qu'ils sont très semblables : les deux *boys band* dénoncent des problèmes de société dans les paroles de leurs chansons, ce qui attire les faveurs des écoliers du pays. C'est une compétition entre les fans de chaque groupe, mais aussi entre les fans d'un même groupe. Pourquoi cela ?

Tout d'abord, pour être un bon fan de K-pop en Corée, il faut être totalement dévoué à son artiste, et à son artiste uniquement. Même si aujourd'hui, étant donné la quantité de groupes et d'artistes qu'il y a dans l'industrie, cela a beaucoup changé, il est toujours très mal vu d'aimer plusieurs groupes ou artistes à la fois. Par exemple, tu te considères ARMY (fan de BTS), il est formellement interdit de participer à des événements de BLACKPINK. Imagine alors les pauvres Coréens qui aimaient H.O.T. et Sechs Kies ! Si tu veux en savoir plus sur cette rivalité entre les deux groupes, tu peux d'ailleurs regarder la série *Reply 1998* qui aborde un peu le sujet.

Pour les fans coréens, une fois que tu as choisi ton artiste ou ton groupe préféré, tu dois te consacrer à 100 % à lui. Tu dois participer à tous les événements possibles, te rendre aux enregistrements des performances, aller aux concerts, collecter les produits dérivés... Bien sûr, tu dois aussi faire de la publicité pour ton groupe et faire en sorte que les gens autour de toi s'y intéressent. Après tout, il faut que ton artiste ou ton groupe soit le plus reconnu dans cette jungle qu'est l'industrie de la K-pop.

Cela nous amène à un autre des usages des fans coréens qui est très important : la communauté. Les fans sont très doués pour unir leurs voix pour soutenir, mais aussi dénoncer ce qui ne va pas. Ce qui fait le plus peur aux agences de K-pop, c'est de s'attirer les foudres des fans, car en général, ces derniers n'y vont pas de main morte ! C'est la tactique du *Cho'gong* (« attaque totale », en français). Il y a peu, cette tactique consistait à inonder les bureaux des labels des montagnes de fax. Aujourd'hui, les fans agissent plutôt par hashtags interposés et par e-mails.

Mais alors, pourquoi un tel attachement aux artistes ? Il est difficile de donner une réponse unique à la question, mais dans le contexte coréen, cela est principalement lié à la jeunesse des amateurs de K-pop. La forte pression qu'ils subissent dans leurs études et les attentes qui sont projetées sur eux engendrent un stress considérable. Aimer un artiste ou un groupe et se consacrer à lui est une véritable échappatoire, ce qui explique pourquoi les fans coréens sont si passionnés.

Comment les fans internationaux ont-ils adopté et adapté cette culture ?

Avec la propagation de la K-pop à l'étranger, comment s'est diffusée la culture des fans ? Au début, cela n'a pas été facile. Les fans coréens n'ont pas apprécié de voir les agences de K-pop tourner petit à petit le dos au public national, pour se consacrer aux carrières internationales de leurs artistes. Cependant, ils ont su rester pragmatiques. Ils ont vite compris que le marché coréen était bien trop limité quand le monde entier s'ouvrait à la K-pop. Les fans n'espèrent qu'une chose pour leur artiste ou leur groupe, c'est qu'il marche : et cela, peu importe que ce soit en Corée ou à l'étranger. La première méfiance passée, vis-à-vis des fans non coréens, ils ont très bien accepté que leurs pratiques se diffusent en dehors de leur pays. De la même manière, les fans internationaux ont mis un point d'honneur à respecter la culture créée par les fans coréens et les codes qu'ils avaient établis. Au début de la vague coréenne, dans les années 2010, les fans coréens acceptaient mieux les fans chinois et japonais, car ces derniers avaient la possibilité de participer économiquement à la croissance de l'industrie de la K-pop, et donc de soutenir les artistes. À l'inverse des fans américains ou européens qui ne pouvaient pas y contribuer directement en l'absence de moyens matériels et logistiques. À l'heure actuelle, au début des années 2020, c'est une histoire totalement différente ! Avec le développement des réseaux sociaux et l'accessibilité à la K-pop qui s'est beaucoup améliorée, le public international est devenu LA priorité pour les agences de K-pop. Les fans coréens n'ont pas d'autre choix que d'accepter de cohabiter avec les fans internationaux, car les deux entités sont tout aussi importantes pour assurer la pérennité de l'industrie. Mais quelles sont les pratiques qui ont été transmises ?

L'une des pratiques les plus communes est celle de donner du riz (*Ssal Deurimi* en coréen). Habituellement, lorsqu'un groupe de K-pop fait un grand concert, les fans vont mettre de l'argent en commun dans une cagnotte afin de faire un don de riz au nom du groupe. Cela permet de faire une bonne action et cela donne une image positive de l'artiste. Aujourd'hui, il n'est pas rare de voir des communautés de fans « internationaux » faire des dons de riz, même pour des concerts qui ont lieu en Corée ! Une autre pratique a été adoptée : il est commun de voir dans le métro de Séoul des affiches qui promeuvent un artiste ou qui lui souhaitent, par exemple, un joyeux anniversaire. Initialement le fait de fans coréens, elle est aujourd'hui l'une des spécialités des fans chinois, qui n'hésitent pas à investir de grosses sommes d'argent pour mettre en avant un artiste. L'une des fanbases chinoises de Jungkook a ainsi acheté un spot de pub sur la télé coréenne pour souhaiter un joyeux anniversaire au *maknae* de BTS !

L'organisation de « Birthday café » est une autre pratique qui commence à se répandre en dehors de la Corée : des fans investissent un café pour le décorer en l'honneur d'un artiste de K-pop dont c'est l'anniversaire. Tout doit être pensé : le concept, les autocollants, les affiches, la musique, et surtout, les porte-gobelets ! En France, on trouve de plus en plus d'endroits qui organisent des « Birthday cafés ». Si tu veux trouver des adresses, n'hésite pas à consulter la dernière section de ton livre.

L'habitude des fans de K-pop coréens de se consacrer à un seul artiste s'est elle aussi exportée. As-tu déjà entendu le terme *multistan* ? Dans les années 2010, et tu peux demander à tes amis qui étaient fans à cette époque, presque tous les fans de K-pop en dehors de la Corée étaient *multistans* : ils avaient plusieurs artistes et groupes préférés. C'est d'ailleurs pour cette raison qu'au début, les fans coréens ont douté des fans internationaux : ils les pensaient incapables de se consacrer aux activités d'un seul groupe ou artiste. Avec le temps et le succès de groupes importants comme BTS ou BLACKPINK sont apparus des fans qui ne connaissaient de la K-pop que l'un de ces deux groupes. Le terme *multistan* a commencé à prendre une connotation négative, ce qui est certainement regrettable, d'autant qu'en Corée, maintenant... c'est le contraire ! Les fans n'arrivent plus à se contenter d'un seul groupe ou artiste ! Il y a tellement d'artistes à découvrir et à apprécier qu'il serait dommage de se limiter à un seul, non ?

La spécificité du public de K-pop en Corée

Si tu es déjà allé en Corée, tu auras sans doute remarqué que ce que nous appelons K-pop en France est apprécié par un public plutôt très jeune et féminin. En effet, tu ne trouveras pas la même diversité qu'en France ou un autre pays dans l'univers des fans coréens de la K-pop. Si tu vas à un concert de K-pop en Corée, tu seras plutôt entouré de fans entre 10 et 20 ans. Il ne faut pas oublier que l'intérêt pour la musique et les artistes de K-pop est associé en Corée à un passe-temps qui permet de se détendre d'une scolarité stressante. À l'entrée dans l'âge adulte, les Coréens intègrent l'université ou commencent à travailler : ils ont moins de temps et d'énergie pour se consacrer pleinement à la K-pop. C'est principalement pour cette raison qu'il est difficile de trouver des fans de K-pop de 20 ans en Corée ! Pourtant, il faut faire la distinction entre les fans qui s'impliquent fortement et ceux qui apprécient juste cette musique omniprésente en Corée.

LA FRANCE ET LES CONCERTS DE K-POP

★★★

Il y a de plus en plus de concerts de K-pop en France, et ce n'est pas pour nous déplaire ! De par sa position centrale en Europe de l'Ouest, la France est devenue une étape obligée des tournées de nos artistes préférés. Si tu as bientôt prévu d'aller à un concert, tu dois te demander comment ça se passe, ce que tu devrais prendre avec toi... Ce chapitre est là pour répondre à ces questions !

Petite chronologie des concerts de K-pop qui ont eu lieu en France

Commençons par un petit tour des premiers concerts de K-pop à avoir eu lieu en France. Il faut savoir qu'il y a peu, il n'était pas si courant que ces groupes se produisent dans l'Hexagone. Quand un groupe partait en *world tour*, il visait plutôt les pays d'Asie. L'Europe et l'Amérique se sont peu à peu imposées comme des étapes incontournables ; désormais, on a l'embarras du choix !

Là où tout a commencé...

10 et 11 juin 2011, le SM Town Live '10 World Tour, Le Zénith Paris : f(x), SHINee, Super Junior, Girls' Generation, TVXQ (DBSK)

Le premier concert de K-pop jamais organisé en Europe ! Son annonce a fait l'effet d'une bombe auprès des fans, qui ne s'attendaient pas à voir leurs artistes préférés sur scène un jour. Initialement, il ne devait n'y avoir qu'une seule date : le 10 juin. Mais le 26 avril, jour d'ouverture de la billetterie, toutes les places partirent en quinze minutes. Grâce à un partenariat avec l'Office national du tourisme coréen (KTO), les billets étaient relativement abordables. Les nombreux fans qui n'avaient pas pu acheter de places étaient complètement désespérés. Une communauté se forma et organisa un flash-mob près de la pyramide du Louvre pour demander à SM Entertainment une seconde date. Le 1er mai, plus de trois cents personnes ont dansé sur un medley de tubes des groupes du label, sous les yeux des médias coréens, très curieux de l'événement... avec succès : le 11 mai, SM Entertainment annonçait la tenue d'une seconde date. Le concert rassembla quatorze mille fans venus de toute l'Europe. Une date gravée dans l'histoire de la K-pop en France !

8 février 2012, Music Bank World Tour, palais omnisports de Paris-Bercy : BEAST, SHINee, Girls' Generation, 4Minute, Sistar, T-ara, 2PM, U-KISS

C'est-à-dire moins d'un an après, un nouveau concert de K-pop est annoncé en France ! Cette fois-ci, c'est la chaîne de télévision KBS qui choisit la France pour accueillir l'émission musicale *Music Bank* dans son tour du monde. Tous les groupes du moment sont au rendez-vous ! Le concert a été diffusé à la télévision coréenne – ce qui permit au public coréen de prendre conscience de l'ampleur de la popularité de la K-pop en dehors du pays. Aujourd'hui encore, *Music Bank* organise des concerts dans le monde entier. En 2022, l'heureux élu était le Chili !

Les premiers concerts de groupes de la seconde génération seuls à l'affiche

6 avril 2012, Super Show 4, Le Zénith de Paris : Super Junior

Deux mois après le *Music Bank*, où plusieurs groupes se succédaient sur scène, Super Junior est le premier groupe de K-pop en France à occuper seul l'affiche de la soirée.

9 février 2013, Teen Top Show!
Live Tour in Europe 2013,
Le Trianon : Teen Top

Teen Top est le deuxième groupe de K-pop à avoir son propre concert dans la capitale !

1er décembre 2013, One Great Step World Tour, L'Olympia : Infinite

En décembre 2013, la mythique salle de L'Olympia accueille le groupe Infinite pour l'une de ses rares dates en Europe !

Et d'autres...

9 février 2014, VIXX – Milky Way encore, palais de Tokyo : VIXX
30 avril 2014, B.A.P Live on Earth 2014 Continent Tour, Le Zénith de Paris : B.A.P
16 janvier 2015, 2015 FTISLAND FTHX Tour, La Cigale : F.T. Island

2016 : la première KCON

2 juin 2016, KCON 2016,
AccorHotels Arena : SHINee, f(x), BTS, Block B, F.T. Island, I.O.I

Ce concert marque un nouveau tournant dans l'histoire des concerts de K-pop en France. La KCON étant un événement marquant de la culture populaire coréenne, elle place la France comme un pays qui compte dans la diffusion de la K-pop. C'est aussi la première fois que BTS se produit en France !

2016 à nos jours

Après 2016, la machine est lancée, et les concerts de K-pop se multiplient !

- 2017 : B.A.P (avril), Monsta X (juillet), G-Dragon (septembre), F.T. Island (octobre)
- 2018 : Dreamcatcher (février), HALO (mars), Teen Top (avril), GOT7 (juillet), 24K (août), VICTON (septembre), BTS (octobre), UP10TION (septembre), The Rose (novembre), B.A.P (décembre)
- 2019 : ATEEZ (avril), BLACKPINK (mai), Stray Kids (juillet), Hyolyn (juin), Eric Nam (juin), BTS (juin), Monsta X (juillet), NCT 127 (juillet), GOT7 (octobre), Dreamcatcher (novembre), VAV (novembre), The Boyz (décembre)
- 2020 : Day6 (janvier), SuperM (février)
- 2022 : ATEEZ (mai), Yugyeom (GOT7) (mai), The Boyz (juin), Sunmi (août), LOONA (septembre), BLACKPINK (décembre), Jay B (GOT7) (décembre)

Les rituels pour un concert de K-pop

Un concert de K-pop, c'est une expérience en soi ! Quand on n'a pas l'habitude, ça peut s'avérer un peu stressant. Il y a en effet pas mal de rituels qui donnent toute sa saveur à l'événement. Cette section est faite pour que tu sois fin prêt le jour J ! Laisse-toi guider et à la fin, tu seras incollable sur les concerts de K-pop !

Les *freebies* : aux alentours de la salle de concerts, on te distribuera gratuitement des petites pancartes, photos, autocollants et autres produits dérivés à l'effigie des artistes. Souvent, ils sont faits pas les gens qui gèrent des *fansites*, des communautés de fans qui s'occupent de relayer les infos sur les artistes, et coordonner les différents projets entre fans.

Le *lightstick* : chaque groupe de K-pop et la plupart des artistes solos ont un *lightstick*. Comme son nom l'indique en anglais, c'est un bâtonnet lumineux qui clignote. Souvent, il est en vente sur place le jour du concert. Pendant le concert, on le garde dans la main et on le secoue au rythme de la musique. De nos jours, les *lightsticks* sont dotés d'une fonction Bluetooth qui permet aux ingénieurs de les contrôler et de créer des animations lumières dans la salle, côté public ! Les artistes peuvent aussi s'amuser à créer des vagues lumineuses avec les *lightsticks* pendant le concert.

Les fanchants : ce sont les parties dans les chansons où les fans unissent leur voix pour soutenir les artistes. Cela peut consister à crier les noms des membres du groupe pendant une intro ou un *dance break* ou à répéter certains passages des chansons. Si tu veux savoir les fanchants les plus connus de ton groupe, n'hésite pas à faire une recherche sur Google ou YouTube avant le concert.

Le *Fan Event* : tous les concerts de K-pop ont un rappel ! Même si tu entends les artistes dire que c'est la dernière chanson, ne pars surtout pas après celle-ci, car il y a de fortes chances pour que les artistes reviennent et chantent encore ! Souvent, la première chanson du rappel est l'occasion de procéder au *Fan Event*. Un moment où les fans lèvent tous en même temps une pancarte qui leur a été distribuée avant d'entrer dans la salle de concerts.

Que mettre dans son sac ?

Une bouteille d'eau : un jour de concert, peu importe le temps qu'il fait, on est très vite déshydraté. Bien que, le plus souvent, on ne puisse pas prendre une bouteille à l'intérieur de la salle de spectacle, fais le nécessaire pour être assez hydraté avant que le concert ne commence !

Une batterie externe : pour que tu aies toujours de la batterie, si tu veux prendre des photos et des vidéos pour immortaliser le moment !

Ton *lightstick* avec des piles de rechange. N'oublie pas d'enlever les piles une fois que le concert est terminé ! Il vaut mieux ne pas les laisser à l'intérieur.

Des bonbons ou des biscuits en cas de petite faim !

Une pochette plastique pour protéger tes *freebies*.

Et bien sûr, **ton billet** !

OÙ TROUVER L'UNIVERS DE LA K-POP EN FRANCE ?

★★★

T'es-tu déjà demandé où tu pouvais trouver des lieux en France en rapport avec la K-pop ou la culture coréenne ? Avec le succès grandissant de la K-pop, mais aussi l'intérêt que le public porte à la culture coréenne en général, il commence à y avoir quelques endroits qui surgissent partout dans l'Hexagone. Ce petit guide va te donner une idée des lieux où tu peux aller faire des rencontres, mais aussi te documenter sur tous les aspects de la Corée.

Magasins de produits K-pop

TAI YOU
44 avenue d'Ivry,
75013 Paris
www.taiyou.fr/

BOUTIQUE MUSICA
(Espace CD K-pop – Local 20)
44 avenue d'Ivry,
75013 Paris
www.asiaworldmusic.fr/

MK-POP
7 rue de Lépante,
06000 Nice
www.mkpop.fr/

LORD OF POP
9 rue du Pré-Botté,
35000 Rennes
http://lordofpop.weezbe.com/

Se restaurer dans l'esprit K-pop

KICK CAFÉ
12 rue d'Alexandrie,
75002 Paris
http://kpopisforcoolkids.com/

MAEUM
2 rue de Lesdiguières,
75004 Paris
www.maeumisyou.com/

KAYO COFFEE
124 rue Nationale,
75013 Paris
www.instagramm.com/kayo.coffee

+82 PARIS
11 *bis* rue Vauquelin,
75005 Paris
www.instagram.com/plus82paris/

PARIS DABANG
6 rue de la Folie-Méricourt,
75011 Paris
www.instagram.com/parisdabang/

GANGNAM FALAFEL
92 rue Saint-Maur,
75011 Paris
www.instagram.com/gangnam_falafel_paris/

DONGNE
15 rue Violet,
75015 Paris
www.instagram.com/dongne_paris/

K-TOWN STREET FOOD
162 rue de Vaugirard,
75015 Paris
http://k-town.fr/

JOHA CAFÉ
54 rue des Ponts-de-Comines,
59800 Lille
http://johacafe.fr/

HWABAN
1 place Riquet,
31000 Toulouse
http://hwaban.fr

CHIKIN BANG
17 rue du Docteur-Bouchut,
69003 Lyon
http://chikinbang.com

SEOUL STATION
24 rue des Frères,
67000 Strasbourg
http://seoulstation-coreen.com

DAKOO
17 rue Bon-Secours,
44000 Nantes
http://dakoo.fr

FRY CHIKIN
90 rue d'Italie,
13006 Marseille
http://frychikin.com

NAYA
5 rue Lieutaud,
13100 Aix-en-Provence
http://nayaaix.fr

L'AN.K STREET FOOD
Col de Fogata, 20220 L'Île-Rousse
http://lank20220.fr

Écoles de danse K-pop

K-POP DANCE ACADEMY
My Fitness Studio,
91 rue Alexandre-Dumas,
75020 Paris
www.k-popdance
academy.com/

K-STUDIO PRESS PLAY
24 rue Imbert-Colomès,
69001 Lyon
http://kpopdanseacademie.
com/

HANCHU ASSOCIATION DE DANSE KPOP
Centre culturel,
1 rue Geuffroy, 76100 Rouen
www.association
hanchudansekpoprouen.com/

KOSTA DANSE
80 rue des Alliés, 38100 Grenoble
www.ecole-kosta-danse.fr/

PACIFIC SCHOOL
23 rue du Docteur Fiolle,
13006 Marseille
http://pacificschool.fr

SKIN COMPANY
82 route de Bayonne,
31300 Toulouse
www.skincompany.fr/contact

Les conventions en France en rapport avec la culture coréenne au sens large

KOREAN EXPO
En octobre, Paris
www.facebook.com/amafranceofficiel/

FESTIVAL CORÉEN DU JARDIN D'ACCLIMATATION
En septembre (pendant la fête de la Moisson), Paris
https://koreanfr.org/

JAPAN EXPO
En juin, Paris
www.japan-expo-paris.com/

1, 2, 3 SEOLLAL
En janvier, Lille
https://linktr.ee/kfrance82

CORÉE À CŒUR
En décembre, Nancy
www.facebook.com/k54culture

PRINTEMPS CORÉEN
Généralement en mai-juin, Nantes
www.printempscoreen.com/

CORÉE D'ICI
Généralement en novembre, Montpellier
www.festivalcoreedici.com/

JAPAN EXPO SUD
Généralement en février (retour en 2023), Marseille
www.japan-expo-sud.com/fr/

WOORI FESTIVAL
Généralement en septembre, Toulouse
http://woori-festival.fr/

Les lieux en rapport avec la culture coréenne au sens large

CENTRE CULTUREL CORÉEN
20 rue La Boétie,
75008 Paris
www.coree-culture.org/

MUSÉE NATIONAL DES ARTS ASIATIQUES-GUIMET
6 place d'Iéna,
75116 Paris
www.guimet.fr/

Et maintenant,

PLACE AUX JEUX

MOTS CROISÉS (1)

★★★

LIS LES INDICES ET REMPLIS LA GRILLE DE MOTS CROISÉS – CERTAINES DES RÉPONSES SE TROUVENT DANS LE LIVRE ! LES LETTRES INSCRITES DANS LES CASES GRISÉES TE PERMETTRONT DE FORMER LE NOM D'UN PAYS OÙ ONT GRANDI CERTAINS ARTISTES DE K-POP. VÉRIFIE TES RÉPONSES P. 109.

DÉFINITIONS

HORIZONTALEMENT

1. Mot anglais se traduisant par « récompense » en français. Il est très important pour une star de K-pop.
2. Un fan de BLACKPINK.
3. Groupe féminin de quatre membres, chez YG Entertainment. Elles ont débuté avec la chanson *Boombayah* en 2016.
4. Membre du groupe The Boyz.
5. Ancien nom de scène du leader de BTS.

VERTICALEMENT

6. Nom de famille d'un chanteur canadien que beaucoup de chanteurs de K-pop admirent.
7. Membre thaïlandaise de BLACKPINK.
8. MBTI de S.Coups du groupe SEVENTEEN.
9. Membre japonaise de TWICE.
10. Rappeur principal de NCT, il est né au Canada.
11. Nom désignant son membre préféré d'un groupe, ou son groupe préféré.
12. Danseur principal d'ATEEZ.
13. Initiales du membre le plus jeune de BTS.

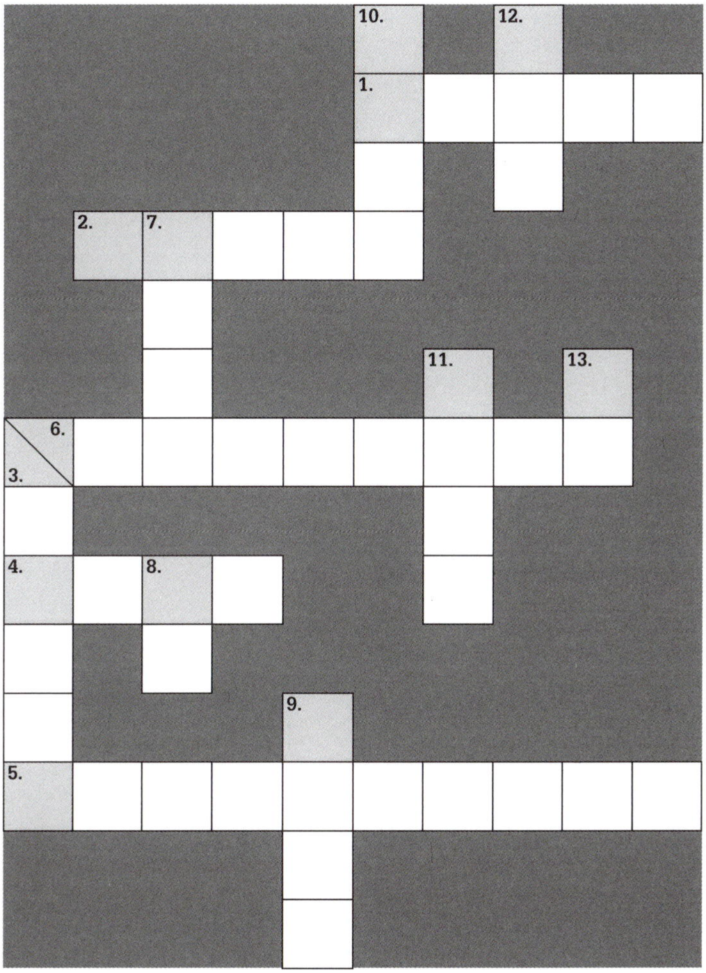

Énigme

Le nom du pays est : ....

LES MOTS DE LA K-POP

★★★

ASSOCIE CES MOTS DU LEXIQUE K-POP À LEUR DÉFINITION.
VÉRIFIE TES RÉPONSES P. 110.

VOCABULAIRE

A. *Lightstick* .... définition n° ☐

B. *ULT bias* .... définition n° ☐

C. *Bias Wrecker* .... définition n° ☐

D. Fan meeting .... définition n° ☐

E. *Maknae* .... définition n° ☐

F. Come-back .... définition n° ☐

G. Stan .... définition n° ☐

H. MV .... définition n° ☐

I. *All-kill* .... définition n° ☐

J. *Sunbae* .... définition n° ☐

K. Leader .... définition n° ☐

DÉFINITIONS

1. Ce mot désigne son (ses) groupe(s) préféré(s) ou son (ses) membre(s) préféré(s) dans un groupe.
2. Un événement et une façon pour les artistes de se retrouver avec les fans et de passer du temps avec eux. Contrairement aux concerts, il y a moins de performances, et plus de passages discussion et jeux.
3. Cet objet est indispensable lors d'un concert de K-pop. Il est lumineux et il est parfois possible de le relier à la console d'éclairage de la salle de concert *via* Bluetooth. À chaque groupe, son propre ....
4. Initiales de *Music Video*, désigne un clip de K-pop.
5. Désigne la personne la plus jeune dans un groupe.
6. Quand une chanson est numéro un sur toutes les grandes plateformes !
7. Personne chargée de mener le groupe et d'assurer un esprit d'équipe.
8. Désigne le deuxième membre préféré, celui qui vient titiller la place de numéro un dans le classement des membres d'un groupe.
9. Quand un groupe ou un artiste sort une nouvelle chanson après une période de silence.
10. Mot dérivant de la chanson d'Eminem du même nom, une autre façon de dire « fan ».
11. Mot coréen signifiant « aîné ». Par exemple, BTS sont les .... d'ENHYPEN.

C'ÉTAIT QUAND, ÇA ?

★★★

RETROUVE LA DATE DE CES ÉVÉNEMENTS PHARES DE LA K-POP. CERTAINS SONT DANS LE LIVRE… VÉRIFIE TES RÉPONSES P. 111.

ÉVÉNEMENTS

1. Première tournée en Asie de H.O.T., qui marque le début de la vague coréenne.
2. Sortie du clip de *Gangnam Style*, le hit de PSY.
3. BTS donne son premier discours au sommet des Nations unies, à l'occasion du lancement de « Generation Unlimited », un projet en coopération avec l'Unicef.
4. Naissance du leader de NCT 127.
5. La KCON, grande convention de la culture populaire coréenne, a lieu en France pour la première fois.
6. Premier concert de K-pop en France, le SM Town à Paris.
7. Brigitte Macron, l'épouse du président Emmanuel Macron, se rend au concert de BLACKPINK pour leur demander de se produire au gala des Pièces jaunes en avril 2023.
8. BTS présente une performance de *Fire* à la KCON de New York. C'est une date marquante dans la carrière du groupe.

9. Le groupe Wonder Girls sort son single *Nobody* en anglais, avec l'ambition de percer sur le marché américain.

10. Naissance de Lee Soo-man, fondateur de SM Entertainment.

DATES

A. 15 janvier 1997 .... événement n° ☐

B. 10 juin 2010 .... événement n° ☐

C. 11 décembre 2022 .... événement n° ☐

D. 24 septembre 2018 .... événement n° ☐

E. 1er juillet 1995 .... événement n° ☐

F. 2 juin 2016 .... événement n° ☐

G. 15 juillet 2012 .... événement n° ☐

H. 30 juin 2016 .... événement n° ☐

I. 27 juillet 2009 .... événement n° ☐

J. 18 juin 1952 .... événement n° ☐

CONSTITUE TON GROUPE DE K-POP IDÉAL !

★★★

À L'INSTAR DE CERTAINES COLLABORATIONS OÙ INTERVIENNENT DES MEMBRES DE DIFFÉRENTS GROUPES DE K-POP, TOI AUSSI, CONSTITUE LE GROUPE DE K-POP DE TES RÊVES ! FAIS TRAVAILLER TON IMAGINATION ET N'HÉSITE PAS À COLLER DES PHOTOS DES ARTISTES.

Chanteur principal

Chanteur secondaire

Danseur principal

Danseur secondaire

Rappeur

Visuel du groupe

Leader

COMMENT APPELLE-T-ON LES FANS DE... ?

★★★

ASSOCIE CHAQUE GROUPE DE K-POP AU NOM DE SON FANDOM.
VÉRIFIE TES RÉPONSES P. 112.

GROUPES	FANS
BIGBANG	ARMY
BLACKPINK	VIP
NCT 127	NCTzen
TWICE	Bunnies
ATEEZ	CARAT
SEVENTEEN	BLINK
ENHYPEN	Once
NewJeans	ATINY
NCT Dream	Cassiopeia
TVXQ	Teume
TREASURE	ENGENE
BTS	

Et toi, de quel groupe de fans fais-tu partie ?

Je suis un ....

QUI CHANTE ÇA ? (1)

★★★

ASSOCIE CHAQUE GROUPE ET ARTISTE DE K-POP À SA CHANSON. ATTENTION, IL Y A DES PIÈGES ! VÉRIFIE TES RÉPONSES P. 113.

GROUPE	CHANSON
ATEEZ	*Candy*
NCT Dream	*All Night*
WayV	*Miracle*
Stray Kids	*TOMBOY*
(G)I-DLE	*Love Dive*
ASTRO	*Lullaby*
GOT7	*Hype Boy*
IVE	*Miroh*
H.O.T.	*Say My Name*
NewJeans	*My Bag*

K-POP NORAEBANG

★★★

COMPLÈTE LES PAROLES DE CES CHANSONS, PUIS RETROUVE LEUR TITRE ET LEUR INTERPRÈTE. POINT BONUS SI TU CHANTES EN MÊME TEMPS ! VÉRIFIE TES RÉPONSES P. 114-115.

CHANSON N° 1

« Cause I, I, I'm in the .... tonight
So watch me bring the .... and set the night .... (hey) »

Paroles de..., chantée par ....

CHANSON N° 2

« Let's kill this ....Yeah-yeah, yeah-yeah, yeah-yeah »

Paroles de ....**, chantée par** ....

CHANSON N° 3

« Cooking like a ...., I'm a five star .... »

Paroles de ....**, chantée par** ....

CHANSON N° 4

« Cause I know what you like, boy (Uh-uh)
You're my .... boy (Uh-uh) »

Paroles de ....**, chantée par** ....

CHANSON N° 5

« Geochin nunbit jonjae jeonbu Girl, you're my .... »

Paroles de ....**, chantée par** ....

CHANSON N° 6

« You have .... my ...., oh, yeah (Oh yeah)
Never let it go-oh-oh No, never let it go-oh, oh-oh, oh-oh, oh
Lightning .... to my .... oh, yeah (Oh, yeah) »

Paroles de ....**, chantée par** ....

CHANSON N° 7

« So are you ....? Finally .... now? Yeah »

Paroles de ....**, chantée par** ....

CHANSON N° 8

« We'll take the .... to ....
And I can't wait to .... all .... »

Paroles de ....**, chantée par** ....

CHANSON N° 9

« What's after ....? You-ou and I-I
It's .... than .... »

Paroles de ....**, chantée par** ....

CHANSON N° 10

« I see you looking at my .... »

Paroles de ....**, chantée par** ....

LES MOTS DE LA K-POP, VERSION MOTS CROISÉS

LIS LES INDICES ET REMPLIS LA GRILLE DE MOTS CROISÉS AVEC LES MOTS DU VOCABULAIRE K-POP CORRESPONDANT – CERTAINES DES RÉPONSES SE TROUVENT DANS LE LIVRE ! LES LETTRES INSCRITES DANS LES CASES GRISÉES TE PERMETTRONT DE COMPLÉTER LA DÉFINITION K-POP CI-CONTRE. VÉRIFIE TES RÉPONSES P. 116.

Définitions

HORIZONTALEMENT

1. Mot coréen pour désigner la vague coréenne.
2. Classement américain où de plus en plus d'artistes de K-pop figurent actuellement.
3. Désigne un sous-groupe formé à l'intérieur d'un groupe de K-pop.
4. Mot coréen signifiant « vie privée » et qui désigne une personne obsédée par les artistes au point qu'elle en viole leur vie privée.
5. Action très importante pour augmenter la visibilité et la popularité des artistes de K-pop.

VERTICALEMENT

6. Ancienne plateforme où les idoles faisaient souvent des lives.

7. Mot coréen signifiant « grand frère », mais s'utilise aussi pour s'adresser à un garçon plus âgé que soi.

8. Deuxième partie d'un mot composé désignant quelque chose que l'on trouve dans un album de K-pop.

9. Mot français utilisé en coréen pour désigner la première apparition d'un artiste.

10. Mot coréen signifiant « qui », il est utilisé par les fans internationaux pour parler d'un groupe peu connu du grand public.

Énigme : Ce mot désigne un groupe qui a fait ses débuts après un autre. Par exemple, ENHYPEN sont les .... de BTS.

TEST DE PERSONNALITÉ : À QUELLE STAR DE K-POP RESSEMBLES-TU ?

AS-TU DÉJÀ FAIT LE TEST MBTI ? INITIALES DE *MYERS BRIGGS TYPE INDICATOR*, C'EST UN TEST QUI PERMET DE CATÉGORISER SA PERSONNALITÉ GRÂCE À UNE LISTE DE 16 COMBINAISONS.

ES-TU PLUTÔT EXTRAVERTI **E** OU INTROVERTI **I** ?

TE FIES-TU PLUTÔT À TES SENSATIONS **S** OU TES INTUITIONS **N** ?

AGIS-TU PLUS SELON TES PENSÉES **T** OU TES SENTIMENTS **F** ?

TON MODE D'ACTION EST-IL PLUS BASÉ SUR LE JUGEMENT **J** OU LA PERCEPTION **P** ?

EN RÉPONDANT AUX QUELQUES QUESTIONS SUIVANTES, TU DÉCOUVRIRAS TON TYPE DE PERSONNALITÉ, QUE TU POURRAS ENSUITE COMPARER À CELLE DE TES STARS DE K-POP PRÉFÉRÉES POUR SAVOIR À QUI TU RESSEMBLES ! ATTENTION, QUI DIT RESSEMBLANCE NE VEUT PAS FORCÉMENT DIRE COMPATIBILITÉ !

WJSN

IVE

MCND

NCT Dream

BTS

(G)I-DLE

BLACKPINK

Magasin du centre-ville de Séoul dédié aux idoles de la K-pop

BTS

Red Velvet

ITZY

Figurines BTS

L'ARC-EN-CIEL DES GROUPES

PLACE LES GROUPES DE K-POP SUR L'ARC-EN-CIEL
SELON LA COULEUR QUI LES REPRÉSENTE.

ATTENTION, IL PEUT Y AVOIR PLUSIEURS GROUPES POUR UNE MÊME COULEUR ! VÉRIFIE TES RÉPONSES P. 108.

IKON – BIGBANG – BTS – TVXQ – NCT – GOT7 – Super Junior –
ASTRO – BtoB – WINNER

TROUVE LE *LIGHTSTICK*

SI TU N'AS PAS ENCORE LU LA PREMIÈRE PARTIE DU LIVRE, SACHE QU'UN *LIGHTSTICK* EST UN BÂTONNET LUMINEUX QUI CLIGNOTE. CHAQUE GROUPE DE K-POP ET LA PLUPART DES ARTISTES SOLOS ONT LEUR PROPRE *LIGHTSTICK*. PENDANT LE CONCERT, ON LE GARDE DANS LA MAIN ET ON L'AGITE AU RYTHME DE LA MUSIQUE. SAURAS-TU TROUVER À QUEL GROUPE APPARTIENT CHAQUE *LIGHTSTICK* ET SON NOM ? VÉRIFIE TES RÉPONSES P. 108.

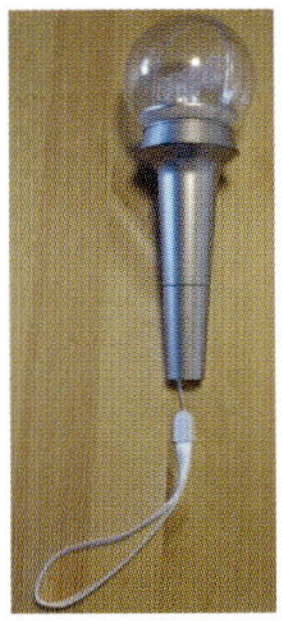

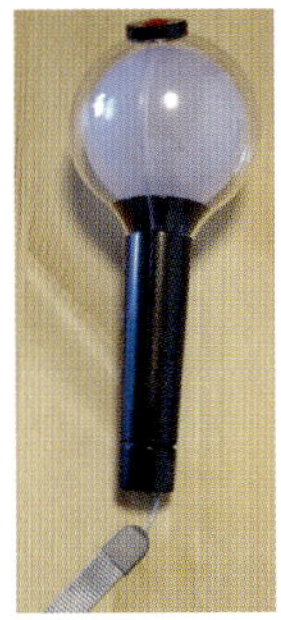

(1) Nom du groupe :

....

Nom du *lightstick* :

....

(2) Nom du groupe :

....

Nom du *lightstick* :

....

(3) Nom du groupe :

....

Nom du *lightstick* :

....

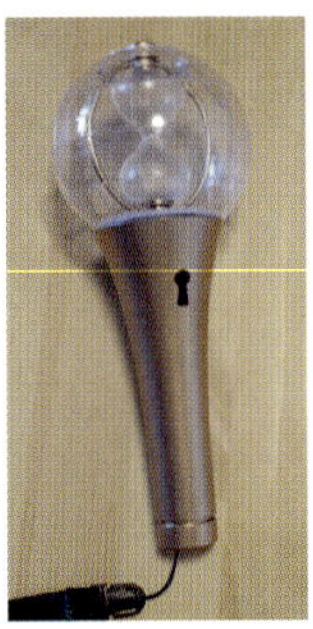

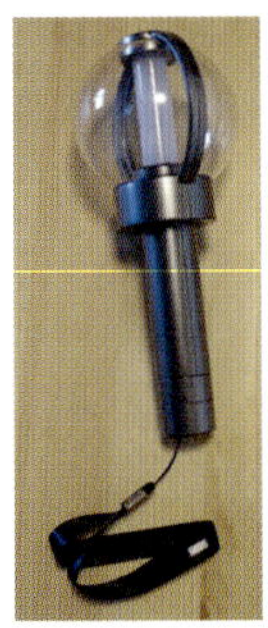

(4) Nom du groupe :

....

Nom du *lightstick* :

....

(5) Nom du groupe :

....

Nom du *lightstick* :

....

FASHION VICTIM :
QUI A PORTÉ CETTE TENUE ?

RETROUVE LES STARS DE K-POP QUI SE CACHENT DERRIÈRE LES LOOKS SUIVANTS. VÉRIFIE TES RÉPONSES P. 108.

(1) ....

(2) ....

(3) ....

(4) ....

(5) ....

(6) ....

DES PREMIÈRES HISTORIQUES

ASSOCIE CHAQUE PHOTO D'UN ÉVÉNEMENT
À LA DESCRIPTION QUI CONVIENT.
VÉRIFIE TES RÉPONSES P. 108.

1 .... 2 .... 3 ....

4 .... 5 .... 6 ....

DESCRIPTIONS

A. Première fois qu'un groupe de K-pop se rend à la Maison Blanche pour une réunion préparatoire très spéciale, le 31 mai 2022.

B. Premier concert d'un groupe de K-pop (seul à l'affiche) en France, le 6 avril 2012.

C. Première fois qu'une star de K-pop se rend au Met Gala à New York, le 2 mai 2022.

D. Première arrivée d'une star de K-pop en France, le 9 juin 2010.

E. Première fois qu'un groupe de K-pop s'essaie au marché américain, en septembre 2012.

F. Première fois qu'un groupe de K-pop assiste à la cérémonie des Grammy Awards, le 10 février 2019.

PARTIE 1 - D'OÙ TIRES-TU TON ÉNERGIE ?

1. Un ami t'a invité à une fête avec pas mal de gens que tu ne connais pas. Tu ouvres la porte, on t'accueille.
   - **A** Tu te mets tout de suite à l'aise et tu salues chaque personne que tu croises du regard ! Super, de nouvelles connaissances !
   - **B** Tu te caches dans un coin et tu attends que ça passe. Tu voulais juste faire plaisir à ton ami en venant à la fête.

2. Premier jour d'école : le prof demande à chacun de se présenter à tour de rôle.
   - **A** Super, il est temps de montrer aux autres à quel point tu es cool !
   - **B** Oh non ! Tu détestes ce genre de prise de parole en public.

3. Après une journée avec tes amis, tu rentres...
   - **A** Super excité ! « Quel plaisir de passer du temps avec des gens que j'aime ! »
   - **B** Complètement lessivé. « C'était super, mais maintenant, il faut que je me repose ! »

PARTIE 2 - COMMENT T'INFORMES-TU ?

1. Avant de prendre une décision importante...
   - **A** Tu te fies à ce que te dit ton instinct sur le moment.
   - **B** Tu dresses une liste pour peser le pour et le contre.

2. Quand tu as une opinion sur quelque chose...
   - **A** Tu ne sais pas trop pourquoi tu penses comme ça, mais tu sais que ton avis est le bon.
   - **B** Tu t'es bien documenté avant de tirer une conclusion.

3. Quand tu as un nouvel objet électronique…

A Tu l'allumes tout de suite, on verra bien !

B Tu lis attentivement la notice avant de l'allumer. Une chose après l'autre !

Partie 3 - Qu'est-ce qui influe sur tes décisions ?

1. Tu effectues un travail de groupe avec un ami, mais ce dernier fait n'importe quoi…

A Tu ne te censures pas et tu lui dis pour que vous évitiez tous les deux d'avoir une mauvaise note.

B Tu ne dis rien sur le moment et tu corriges les erreurs discrètement, quand ton ami a le dos tourné.

2. Les gens disent souvent de toi…

A Que tu as un cœur de pierre et que tu montres rarement tes sentiments.

B Que tu es trop sensible et que tu te laisses (trop) souvent guider par tes émotions.

3. Il y a une dispute dans ton groupe d'amis concernant un sujet un peu sensible…

A Tu laisses faire, c'est important de débattre, peu importe l'avis de chacun !

B Tu essaies de changer de sujet pour mettre fin à ce massacre !

Partie 4 - Comment agis-tu ?

1. Tu décides de partir dans un pays que tu ne connais pas pour les vacances...

   A Tu fais un planning en écrivant précisément ce que tu vas faire chaque jour.

   B Tu ne prévois rien du tout. Tu verras bien une fois que tu seras là-bas !

2. Le prof a donné un devoir à rendre dans trois semaines...

   A Tu t'y mets tout de suite. Plus vite ce sera fait, plus vite tu en seras débarrassé !

   B Tu t'y prends au dernier moment. Tu travailles beaucoup mieux dans l'urgence.

3. Tu as plutôt tendance...

   A ... à être tellement obsédé par quelque chose que parfois, tu en oublies le reste.

   B ... à être intéressé par tant de choses que tu tardes à prendre une décision.

Grille de résultats

	Nombre de A	Nombre de B
Partie 1		
Partie 2		
Partie 3		
Partie 4		

RÉSULTATS

PARTIE 1

Tu as une majorité de A
Tu es extraverti E
Tu adores rencontrer de nouvelles personnes et tu adores les gens en général. C'est de ces rencontres que provient ton énergie.

Tu as une majorité de B
Tu es introverti I
Il te faut plus de temps pour t'ouvrir. Tu consommes ton énergie quand tu es avec du monde et tu as besoin de moments plus solitaires pour te recharger. Attention, cela ne veut pas dire que tu es asocial !

PARTIE 2

Tu as une majorité de A
Tu es intuitif N
Tu as plutôt tendance à « deviner » et à faire confiance à ton sixième sens. Tu préfères l'abstraction et les grandes idées. Tu es plutôt attiré par ce qui est nouveau et original.

Tu as une majorité de B
Tu es concret S
Tu ne crois que ce que tu vois et tu fais confiance à tes cinq sens. L'abstrait ? Très peu pour toi ! Tu as le sens du détail et tu prends tout étape par étape.

PARTIE 3

Tu as une majorité de A
Tu es logique T
Tu adores argumenter et pour toi, rien ne vaut un bon raisonnement. Rien ne peut t'influencer.

Tu as une majorité de B
Tu es sentimental F
Avant de prendre une décision, tu préfères savoir ce que les gens autour de toi en pensent. Tu détestes froisser les autres, et tu vas parfois éviter de dire ce que tu penses pour éviter le conflit.

PARTIE 4

Tu as une majorité de A
Tu es réfléchi J
Tu aimes avoir une vie bien planifiée. Tu ne laisses pas de place au hasard, et chaque compartiment de ta vie est réglé comme du papier à musique !

Tu as une majorité de B
Tu es souple P
Tu te laisses vivre sans objectif précis et tu détestes les contraintes. Tu as des jours avec, et des jours sans.

Mon MBTI est :

Si tu es... INTJ

Tu as le même MBTI que... Suga (BTS), Woozi (SEVENTEEN), New (The Boyz), Seo Tai-ji, Sakura (LE SSERAFIM)

Architecte : tu es imaginatif et stratège, avec un plan pour tout.

Si tu es... INTP

Tu as le même MBTI que... Haerin (NewJeans), Jin (BTS), Lee Know (Stray Kids), Sehun (EXO), Wonwoo (SEVENTEEN)

Logicien : Tu es inventif et innovateur, doté d'une soif de connaissances.

Si tu es... ENTJ

Tu as le même MBTI que... Ni-Ki (ENHYPEN), G-Dragon (BIGBANG), HeeJin (LOONA), Doyoung (TREASURE), Key (SHINee)

Commandant : tu es leader, imaginatif et avec un caractère fort.

Si tu es... ENTP

Tu as le même MBTI que... Jisoo (BLACKPINK), Yeonjun (TXT), Sunwoo (The Boyz), Yunho (ATEEZ), Johnny (NCT)

Innovateur : tu es réfléchi et astucieux, incapable de résister à un défi intellectuel.

Si tu es... INFJ

Tu as le même MBTI que... RM (BTS), Rei (IVE), Mina (TWICE), Heeseung (ENHYPEN), Cha Eunwoo (ASTRO)

Avocat : tu es idéaliste, calme et mystique, inspirant et infatigable.

Si tu es... INFP

Tu as le même MBTI que... IU, Chaeyoung (TWICE), JinSoul (LOONA), Jisung (NCT), S.Coups (SEVENTEEN)

Médiateur : tu es poétique, gentil et altruiste.

Si tu es... ENFJ

Tu as le même MBTI que... Beomgyu (TXT), Danielle (NewJeans), Yunjin (LE SSERAFIM), Bang Chan (Stray Kids), Jimin (BTS)

Protagoniste : tu es leader charismatique et inspirant.

Si tu es... ENFP

Tu as le même MBTI que... Han (Stray Kids), V (BTS), Hanni (NewJeans), Felix (Stray Kids), Kazuha (LE SSERAFIM)

Inspirateur : tu es un esprit libre, enthousiaste, créatif et sociable.

Si tu es... ISTJ

Tu as le même MBTI que... Tzuyu (TWICE), D.O. (EXO), Irene (Red Velvet), Sunghoon (ENHYPEN), Jongho (ATEEZ)

Logisticien : tu es pragmatique et intéressé par les faits.

Si tu es... ISFJ

Tu as le même MBTI que... Liz (IVE), Jake (ENHYPEN), Jungwon (ENHYPEN), Soobin (TXT), Yeji (ITZY)

Défenseur : tu es protecteur, très dévoué et chaleureux.

Si tu es... ESTJ

Tu as le même MBTI que... Soyeon ((G)I-DLE), Minji (NewJeans), Jihyo (TWICE), Doyoung (NCT), Haewon (NMIXX)

Directeur : tu es excellent gestionnaire, d'une efficacité inégalée.

Si tu es... ESFJ

Tu as le même MBTI que... J-Hope (BTS), Rosé (BLACKPINK), Mark (NCT), Dahyun (TWICE), Karina (Aespa)

Consul : tu es extraordinairement attentionné, sociable et populaire.

Si tu es... ISTP

Tu as le même MBTI que... Winter (Aespa), Ryujin (ITZY), Taehyun (TXT), Jaehyun (NCT), Theo (P1Harmony)

Virtuose : tu es expérimentateur pragmatique, maître de toutes sortes d'outils.

Si tu es... ISFP

Tu as le même MBTI que... Hyunjin (Stray Kids), Jungkook (BTS), Jennie (BLACKPINK), Kai (EXO), Chaewon (LE SSERAFIM)

Aventurier : tu es un artiste flexible et charmant, toujours prêt à essayer quelque chose de nouveau.

Si tu es... ESTP

Tu as le même MBTI que... Yuqi ((G)I-DLE), Changbin (Stray Kids), Keeho (P1Harmony), BamBam (GOT7), Moonbyul (MAMAMOO)

Entrepreneur : tu es astucieux, énergique et très perspicace.

Si tu es... ESFP

Tu as le même MBTI que... Jackson (GOT7), Wonyoung (IVE), DK (SEVENTEEN), Lisa (BLACKPINK), Nayeon (TWICE)

Amuseur : tu es spontané, énergique et enthousiaste.

Tu peux te renseigner plus sur les seize personnalités au lien suivant : **www.16personalities.com/fr/types-de-personnalite**.

VRAI OU FAUX SPÉCIAL K-POP

★★★

DÉMÊLE LE VRAI DU FAUX DANS LES AFFIRMATIONS SUIVANTES. CERTAINES SONT DANS LE LIVRE…
VÉRIFIE TES RÉPONSES P. 117-118.

1. Les groupes de K-pop sont uniquement composés d'artistes coréens.

☐ VRAI ☐ FAUX

2. Les chansons de K-pop sont principalement en anglais.

☐ VRAI ☐ FAUX

3. Les membres des groupes de K-pop sont choisis uniquement pour leur talent vocal.

☐ VRAI ☐ FAUX

4. Les groupes de K-pop sont formés par des entreprises de divertissement coréennes appelées « agences ».

☐ VRAI ☐ FAUX

5. Les groupes de K-pop ont des fans uniquement en Asie.

☐ VRAI ☐ FAUX

6. Les fans internationaux de K-pop s'en fichent de suivre la culture de fan coréenne et ne font aucun effort pour s'adapter à ses codes.

☐ VRAI ☐ FAUX

7. Les groupes de K-pop ont des lignes de produits dérivés, comme des vêtements et des produits de beauté.

☐ **VRAI** ☐ **FAUX**

8. Les groupes de K-pop ne font pas de tournées.

☐ **VRAI** ☐ **FAUX**

9. Les groupes de K-pop ne sont pas populaires en dehors de l'Asie.

☐ **VRAI** ☐ **FAUX**

10. Les groupes de K-pop font la promotion de leurs chansons à travers des challenges TikTok où ils refont une partie de leur chorégraphie.

☐ **VRAI** ☐ **FAUX**

11. Les groupes de K-pop arborent des thèmes de mode uniques et colorés pour chaque chanson.

☐ **VRAI** ☐ **FAUX**

12. Les groupes de K-pop imaginent, pour leur come-back, des histoires et des intrigues développées dans leurs chansons et leurs clips.

☐ **VRAI** ☐ **FAUX**

13. Les groupes de K-pop évoquent parfois des sujets de société dans les paroles de leurs chansons.

☐ **VRAI** ☐ **FAUX**

14. Les membres des groupes de K-pop parlent parfois des langues différentes.

☐ **VRAI** ☐ **FAUX**

15. Certains artistes de groupes de K-pop ont fait des apparitions dans des dramas.

☐ **VRAI** ☐ **FAUX**

MOTS CROISÉS (2)

★★★

LIS LES INDICES ET REMPLIS LA GRILLE DE MOTS CROISÉS – CERTAINES DES RÉPONSES SE TROUVENT DANS LE LIVRE ! LES LETTRES INSCRITES DANS LES CASES GRISÉES TE PERMETTRONT DE TROUVER LA SOLUTION DE L'ÉNIGME. VÉRIFIE TES RÉPONSES P. 119.

DÉFINITIONS

HORIZONTALEMENT

1. Groupe masculin de 10 membres ayant débuté en 2020.
2. Groupe féminin de 4 membres ayant débuté en 2020.
3. Groupe masculin ayant débuté en 2015.
4. Groupe masculin de 7 membres ayant débuté en 2020.
5. Groupe féminin ayant débuté en 2016.

VERTICALEMENT

6. Groupe masculin ayant débuté en 2016.
7. Groupe ayant débuté en 2019.
8. Groupe ayant débuté en 2018.
9. Groupe masculin ayant débuté en 2015.
10. Groupe masculin de 6 membres ayant débuté en 2020.

Énigme : C'est un mot que l'on utilise souvent pour désigner les fans de K-pop.

....

QUEL FAN DE K-POP ES-TU ?

★★★

CHACUN SA MANIÈRE D'AIMER LA K-POP ! POUR CERTAINS, C'EST UN HOBBY PARMI TANT D'AUTRES, ET POUR D'AUTRES, C'EST BEAUCOUP PLUS. ET TOI ? ES-TU UN MAXIMALISTE DES GOODIES ? OU UN AUDITEUR DU DIMANCHE ? ESSAIE DE VOIR AVEC CE PETIT TEST QUE L'ON T'A CONCOCTÉ.

Question 1 : Un de tes groupes préférés sort une nouvelle chanson en Corée, mais avec le décalage horaire, ça tombe à 2 heures du matin en France.

A. Tu veilles ! Tu as cours demain, mais c'est pas grave ! Tu dois absolument écouter la chanson dès qu'elle est sortie.

B. Tu l'écouteras demain au réveil. De toute façon, elle ne va pas s'envoler.

C. Tu te couches tôt, et tu mets un réveil à 1 h 59, comme ça, tu peux écouter la chanson et te rendormir !

Question 2 : Quand tu achètes un ticket pour un concert de K-pop, tu prends une place...

A. En fosse quoi qu'il arrive ! Tu veux les voir le plus près possible, quitte à y mettre le prix.

B. Dans les gradins ! Tu préfères être assis et profiter en paix, sans avoir à être bousculé toutes les cinq minutes.

C. Peu importe la fosse ou le gradin. L'important, c'est d'y être !

QUESTION 3 : Quand ton artiste préféré sort une nouvelle chanson…

A. Tu la streames sur tous tes appareils : ordinateur, téléphone, tablette… Même ceux de ta famille et de tes amis sont réquisitionnés !

B. Tu l'écoutes quelques fois et tu la mets dans ta playlist si elle te plaît.

C. Tu essaies de la streamer à chaque fois que tu y penses.

QUESTION 4 : À propos des produits dérivés…

A. Tu dois tout avoir ! Tu es à l'affût des nouvelles sorties et tu consultes aussi le marché des occasions pour compléter ta collection.

B. Tu n'aimes pas trop les produits dérivés et tu ne comprends pas trop à quoi ils servent.

C. Tu as quelques produits dérivés, mais tu ne cherches pas à tout avoir.

QUESTION 5 : Combien de *lightsticks* as-tu à la maison ?

A. Quatre ou plus.

B. C'est quoi, un *lightstick* ?

C. Moins de quatre.

QUESTION 6 : À propos des contenus publiés sur les réseaux sociaux…

A. Tu consultes 24h/24 les comptes des artistes que tu suis, regardes chaque nouvelle vidéo à la minute où elle sort et enregistres toutes les photos sur ton téléphone. Tu ne dois RIEN manquer.

B. Tu suis quelques-uns des artistes que tu aimes bien, mais c'est tout. Tu regardes aussi certaines vidéos, quand elles arrivent dans tes recommandations.

C. Tu as activé les notifications pour quelques-uns des artistes que tu suis, mais parfois, il y en a tellement que c'est difficile de tout regarder !

QUESTION 7 : Tu as l'occasion d'aller en Corée pour la première fois !

A. Super, tu vas pouvoir acheter tous les albums qu'il te manque, et peut-être avoir une chance de voir tes artistes préférés en vrai !

B. Tu ramèneras peut-être un album ou deux, mais tu as surtout hâte d'expérimenter la vie quotidienne dans le pays.

C. Tu veux absolument voir au moins un concert, mais tu ne feras pas que des choses en rapport avec la K-pop.

QUESTION 8 : Dans ta playlist...

A. Il y a de la K-pop, et rien d'autre !

B. Il y a quelques chansons de K-pop, mais aussi d'autres genres.

C. Il y a en majorité de la K-pop, mais aussi du K-hip-hop, des ballades...

QUESTION 9 : Le fond d'écran de ton téléphone...

A. Quelle question, c'est mon *bias* !

B. C'est une photo de Séoul de nuit que tu trouvais jolie.

C. N'a rien à voir avec la K-pop.

QUESTION 10 : Comment décrirais-tu la décoration de ta chambre ?

A. J'ai mon propre petit temple spécial K-pop où j'entrepose les photos de mes *bias*, mes goodies et mes albums.

B. On peut y trouver quelques albums, des produits dérivés sur mes étagères...

C. Pour trouver quelque chose en rapport avec la K-pop, il faut chercher un peu !

GRILLE DES RÉSULTATS

★★★

	A	B	C
Nombre de réponses			
	Multiplie par 3 :	Multiplie par 2 :	Multiplie par 1 :
Total			

Tu as entre 10 et 15 points – tu es un super fan !

La K-pop n'a aucun secret pour toi ! Tu es totalement dévoué à tes artistes préférés, et la K-pop fait partie intégrante de ta vie. Tu te lèves K-pop, tu déjeunes K-pop, tu respires K-pop, tu dors K-pop !

Tu as entre 5 et 10 points – tu es un fan occasionnel !

Tu adores la K-pop, mais tu aimes aussi d'autres choses. Parfois, tu aimerais t'investir davantage, mais tu te dis que ça demande énormément d'efforts.

Tu as moins de 5 points – tu es un fan du dimanche !

La K-pop, c'est bien, mais à petite dose ! Et tu en as tout à fait le droit. En espérant que ce cahier te fera apprendre beaucoup de choses et te donnera envie d'en découvrir plus, qui sait ?

ASTRO K-POP : QUELLE STAR EST COMPATIBLE AVEC TON SIGNE ?

★★★

Signe astrologique	Membre de groupe K-POP correspondant	Personnalité
BÉLIER (21 mars-20 avril)	Suga (BTS) Hwasa (MAMAMOO)	Ambitieux, passionné
TAUREAU (21 avril-20 mai)	Jennie (BLACKPINK) Jinyoung (GOT7)	Confiant, déterminé
GÉMEAUX (21 mai-21 juin)	Baekhyun (EXO) Mark (NCT)	Charmant, sociable
CANCER (22 juin-22 juillet)	Jimin (BTS) JinSoul (LOONA)	Attentionné, sensible

LION (23 juillet-22 août)	J-Hope (BTS) Soobin (TXT)	Charismatique, déterminé
VIERGE (23 août-22 septembre)	JinJin (ASTRO) S.Coups (SEVENTEEN)	Responsable, organisé
BALANCE (23 septembre-22 octobre)	Jisoo (BLACKPINK) Jihyo (TWICE)	Équilibré, diplomate
SCORPION (23 octobre-21 novembre)	Rosé (BLACKPINK) Wendy (Red Velvet)	Passionné, intense
SAGITTAIRE (22 novembre-20 décembre)	Kai (EXO) Eunwoo (ASTRO)	Aventurier, indépendant
CAPRICORNE (21 décembre-19 janvier)	RM (BTS) Jinho (PENTAGON)	Ambitieux, déterminé
VERSEAU (20 janvier-18 février)	Lisa (BLACKPINK) Jinwoo (WINNER)	Libre, créatif
POISSONS (19 février-20 mars)	Sehun (EXO) Hani (EXID)	Mystérieux, émotif

LE GRAND FINAL : C'EST L'HEURE DE T'ENTRAÎNER POUR ÊTRE UNE STAR DE K-POP !

★★★

COMME NOUS TE L'AVONS EXPLIQUÉ AU DÉBUT DU LIVRE, IL FAUT PASSER PAR UN ENTRAÎNEMENT POUR DEVENIR UNE VRAIE STAR DE K-POP. ICI, TU ES UNE NOUVELLE RECRUE QUI VA PASSER DIFFÉRENTES ÉTAPES POUR COMMENCER SA CARRIÈRE. DANS TA FORMATION, TU VAS PASSER DES ÉPREUVES QUI VONT ÉVALUER TA CONNAISSANCE DE LA K-POP. SI TU TE SOUVIENS DU DÉBUT DU LIVRE, TU N'AURAS AUCUN PROBLÈME ! ES-TU PRÊT ?

On commence avec un petit échauffement

Échauffement

Mets en ordre la liste des groupes suivants, selon le nombre de membres : du plus grand au plus petit nombre.
On prendra en compte le nombre d'artistes en 2023.

A. **SUPER JUNIOR**
B. **SEVENTEEN**
C. **THE BOYZ**
D. **ATEEZ**
E. **STRAY KIDS**
F. **ASTRO**
G. **AB6IX**
H. **SF9**
I. **MONSTA X**

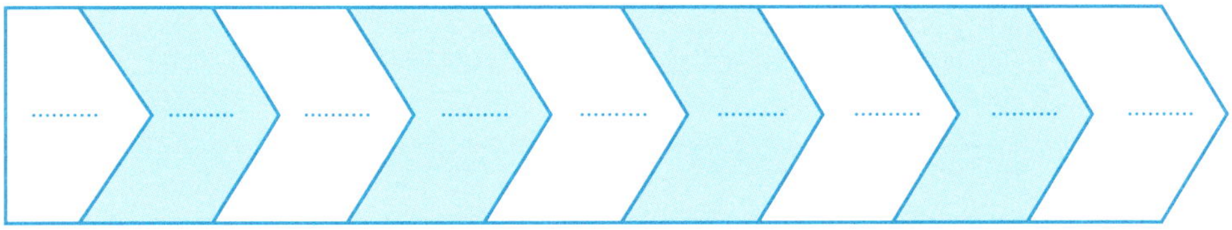

Vérifie tes réponses p. 120 et passe à l'étape suivante si tu as réussi !
Après ce petit échauffement, c'est parti pour la première manche !

Première étape – Le respect aux aînés

Pour espérer réussir dans la K-pop, la première chose à savoir, c'est qu'il faut respecter les aînés (*sunbae*). Tu dois donc savoir qui a débuté avant toi, et quand !
Pour cette partie, tu dois placer sur la frise chronologique les différentes périodes de l'histoire de la K-pop, **de la plus ancienne à la plus récente**. Tu trouveras la plupart des réponses dans le livre, mais tu peux aussi te faire aider par tes amis ?

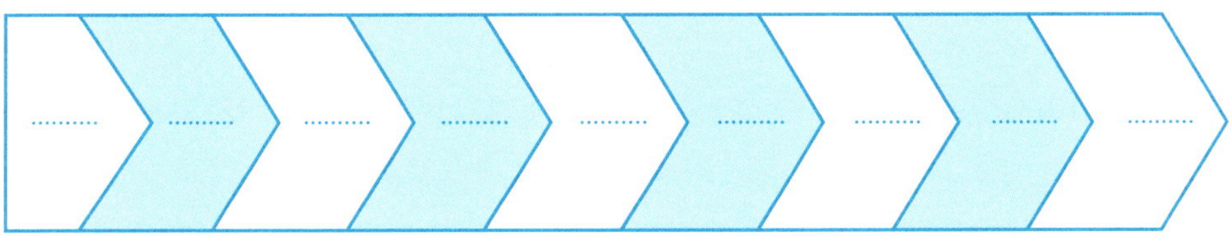

Périodes

A. La K-pop continue de gagner en popularité en Corée du Sud et dans d'autres pays avec l'arrivée de groupes tels que g.o.d, Fly to the Sky et TVXQ.

B. Les groupes féminins commencent à gagner en popularité, avec l'arrivée de S.E.S. et Fin.K.L.

C. Les groupes 2PM, SNSD et BEAST deviennent des stars de la K-pop.

D. Les premiers groupes de K-pop apparaissent, notamment Seo Taiji and Boys et H.O.T.

E. Les BIGBANG et Super Junior deviennent des groupes de K-pop incontournables.

F. PSY sort son tube viral *Gangnam Style*, qui propulse la K-pop à un niveau de popularité jamais vu auparavant.

G. La K-pop continue de gagner en popularité partout dans le monde, notamment aux États-Unis et en Amérique latine.

H. Les groupes EXO, BTS et GOT7 font leurs débuts et deviennent rapidement des groupes à succès.

I. Les groupes BTS, BLACKPINK, TWICE continuent à être des groupes phares de la K-pop, et de nouveaux groupes apparaissent comme ITZY, TXT, ENHYPEN, et ASTRO.

Vérifie tes réponses p. 120 et passe à la prochaine manche !

Deuxième étape – Choisis ta position !

Le choix de la position dans un groupe de K-pop est très important. Chacun a son rôle et doit l'assumer à la perfection. Classe les idoles suivantes selon la position qu'elles assurent dans leur groupe. Peut-être que cela te donnera des idées concernant la fonction que toi, tu aimerais avoir ! *Attention, certains membres ont deux activités !*

Liste d'idoles :

- **S.COUPS (SEVENTEEN)**
- **BAEKHYUN (EXO)**
- **JIHYO (TWICE)**
- **KAI (EXO)**
- **J-HOPE (BTS)**
- **HWASA (MAMAMOO)**
- **DINO (SEVENTEEN)**
- **SUGA (BTS)**
- **RM (BTS)**
- **JB (GOT7)**
- **BOBBY (iKON)**
- **JUNGKOOK (BTS)**
- **LISA (BLACKPINK)**
- **DOYOUNG (NCT 127)**

Positions :

....	....	....
....	....	....
....	....	....
Leader	**Chanteur principal**	**Danseur principal**
....	....	
....	....	
....	....	
Rappeur principal	***Maknae***	

Troisième étape – La tournée mondiale !

Quand on est une star de K-pop, il faut être prêt à partir en tournée à tout moment d'où que l'on vienne ! Pour cette troisième manche, relie les membres des groupes suivants à leur pays d'origine.

NOMS	PAYS
BamBam (GOT7)	Thaïlande
Mark (NCT 127, NCT Dream)	Chine
Jake (ENHYPEN)	Japon
Momo (TWICE)	Canada
Sakura (LE SSERAFIM)	États-Unis
Eric (THE BOYZ)	Australie
Lisa (BLACKPINK)	
Johnny (NCT 127)	
The8 (SEVENTEEN)	
Bang Chan (Stray Kids)	

Si tu étais un chanteur de K-pop,
où aimerais-tu partir en tournée ?

Vérifie tes réponses p. 122 et passe à la dernière manche.

Quatrième étape – Le nom de tes fans

Une fois que l'artiste a fait ses preuves et qu'il a un groupe de fans assez solide, il est temps de leur donner un nom. As-tu une idée ? Pour t'inspirer, complète cette grille de mots croisés spéciale noms de fans et choisis quel nom tu aimerais donner à tes fans !

Définitions

HORIZONTALEMENT

1. Fans d'ASTRO
2. Fans de Monsta X
3. Fans de Stray Kids
4. Fans d'EXO
5. Fans de Wonho

VERTICALEMENT

1. Fans de TXT
2. Fans de Red Velvet
3. Fans de SEVENTEEN
4. Fans de Sunmi
5. Fans de TWICE

Le nom que j'ai décidé de donner à mes fans est :

....

Bravo, tu as franchi toutes les étapes ! Ta carrière a décollé.

À toi le *all-kill* !

DES DÉBUTS PROMETTEURS

★★★

ASSOCIE CHAQUE GROUPE AU TITRE DE SA PREMIÈRE CHANSON. VÉRIFIE TES RÉPONSES P. 124.

GROUPES

1. NCT 127
2. TWICE
3. BLACKPINK
4. BTS
5. Red Velvet
6. CIX
7. TXT
8. ENHYPEN
9. NCT Dream
10. BIGBANG

CHANSONS

A. *Like OOH-AHH*
B. *No More Dream*
C. *Happiness*
D. *Chewing Gum*
E. *We Belong Together*
F. *BOOMBAYAH*
G. *Given-Taken*
H. *Fire Truck*
I. *Crown*
J. *Movie Star*

ÉQUATIONS K-POP

★★★

SI TU CONNAIS BIEN LA K-POP, TU SAIS QUE TOUT EST UNE HISTOIRE DE CHIFFRES. ESSAIE DE VOIR SI TU ARRIVES À RÉSOUDRE LES ÉQUATIONS SUIVANTES. VÉRIFIE TES RÉPONSES P. 125.

1. Membres de BTS × Membres de BLACKPINK

   ______________________________ = ?

   Membres de Red Velvet – Membres de Aespa

2. Nombre de labels qui dominaient la K-pop en 2000

   × Nombre d'années que *Gangnam Style* a été numéro 1 des vues sur YouTube

   ______________________________ = ?

   Membres de H.O.T.

3. Nombre de semaines que *Dynamite* de BTS a été numéro 1 du Hot 100 sur Billboard + Nombre de NRJ Music Awards que BTS a gagnés + Nombre d'albums de l'ère « Love Yourself » dans la discographie de BTS = ?

4. Nombre de membres de SEVENTEEN – Nombre de concerts de SM Town qu'il y a eu en France = ?

5. Nombre de discours que BTS a faits aux Nations unies + Nombre de tournées mondiales de BLACKPINK = ?

LE K-POP ÉMOJI QUIZ

★★★

ESSAIE DE DEVINER LE GROUPE DE K-POP QUI SE CACHE DERRIÈRE LES ÉMOJIS SUIVANTS ! VÉRIFIE TES RÉPONSES P. 126.

MOTS CROISÉS (3) - SPÉCIAL CONCERT DE K-POP

★★★

LIS LES INDICES ET REMPLIS LA GRILLE DE MOTS CROISÉS – CERTAINES DES RÉPONSES SE TROUVENT DANS LE LIVRE ! LES LETTRES INSCRITES DANS LES CASES GRISÉES TE PERMETTRONT DE TROUVER LA SOLUTION DE L'ÉNIGME. VÉRIFIE TES RÉPONSES P. 127.

HORIZONTALEMENT

1. Le nom du premier concert de K-pop qui a eu lieu en France.
2. Désigne les pancartes, photos, autocollants et autres produits gratuits distribués à l'entrée d'un concert de K-pop.
3. Deuxième partie du mot désignant l'événement qui survient pendant un concert de K-pop pendant le rappel (un Fan ....).
4. Deuxième partie du mot désignant le bâtonnet lumineux, accessoire indispensable du concert de K-pop.
5. Si la fosse n'est pas trop pour toi, tu vas sûrement t'asseoir dans un ....

VERTICALEMENT

6. Désigne les paroles qui sont criées par le public pour soutenir les artistes pendant les chansons.
7. Désigne l'espace que les artistes occupent pendant qu'ils performent.
8. Sigle de trois lettres désignant les vidéos diffusées pendant les concerts de K-pop.
9. Sigle de quatre lettres désignant la grande convention de culture populaire organisée chaque année par le conglomérat CJ Entertainment.
10. Quand tu vas voir les artistes lors d'un concert de K-pop, ils vont t'offrir une belle dose de ....

Énigme : Désigne l'avancée de scène caractéristique des concerts de K-pop.

....

QUI CHANTE ÇA ? (2)

★★★

ASSOCIE LE GROUPE OU L'ARTISTE DE K-POP
AVEC LA CHANSON QU'IL (ELLE) A CHANTÉE.
ATTENTION, IL Y A UN PIÈGE ! VÉRIFIE TES RÉPONSES P. 128.

GROUPE	CHANSON
EXO	*Heart Burn*
BTS	*Come Back Home*
Seo Taiji and Boys	*Mmmh*
NCT 127	*_WORLD*
ENHYPEN	*Go Big or Go Home*
SEVENTEEN	*Back Down*
P1Harmony	*Sticker*
Kai	*Love Me Right*
TREASURE	*JIKJIN*
Sunmi	

TOUTES LES RÉPONSES

L'Arc-en-ciel des groupes de K-pop

Section photo

Rouge : TVXQ

Orange : iKON

Jaune : BIGBANG

Vert : NCT, GOT7

Bleu clair : BtoB

Bleu foncé : Super Junior, WINNER

Violet : BTS, ASTRO

Trouve le *lightstick*

Section photo

1. NCT ; nom du *lightstick* : Neobong/Meumwonbong
2. Aespa ; nom du *lightstick* : Dreamus
3. BTS ; nom du *lightstick* : Army Bomb
4. ATEEZ ; nom du *lightstick* : Lightiny
5. ENHYPEN ; nom du *lightstick* : Engene Stick

Fashion victim : qui a porté cette tenue ?

Section photo

1. Key (SHINee)
2. J-Hope (BTS)
3. Lisa (BLACKPINK)
4. CL (2NE1)
5. Hwasa (MAMAMOO)
6. HyunA (Solo)

Des premières historiques

Section photo

1. A
2. D
3. C
4. B
5. F
6. E

MOTS CROISÉS (1)

P. 58

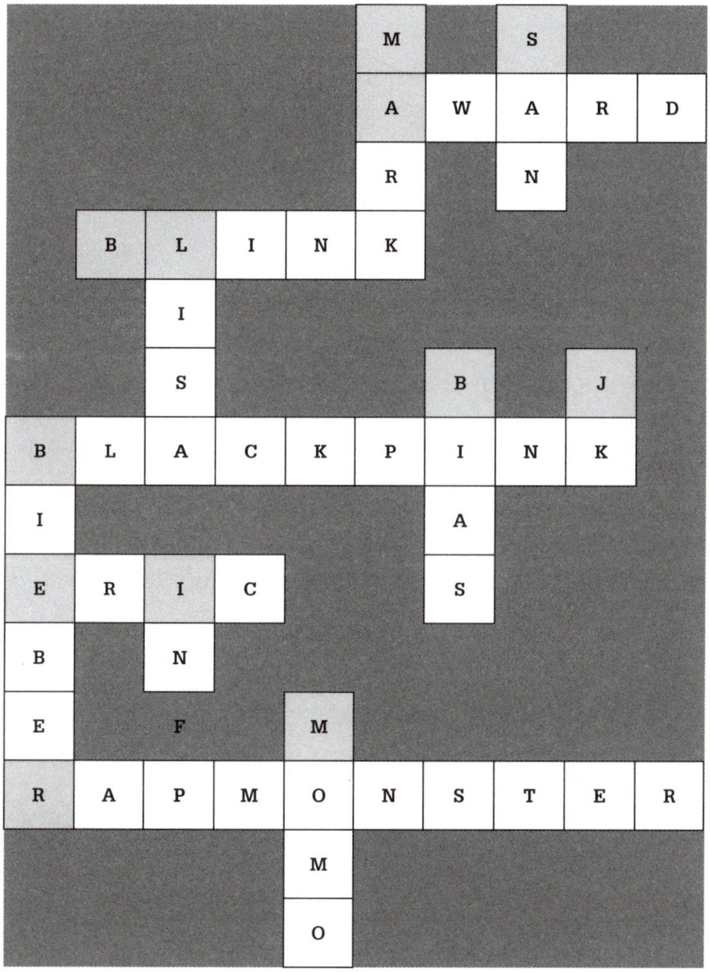

Le nom du pays est **Canada**.

Les mots de la K-pop

P. 60

1. Ce mot désigne son (ses) groupe(s) préféré(s) ou son (ses) membre(s) préféré(s) dans un groupe. ***ULT bias*** **B**
2. Un événement et une façon pour les artistes de se retrouver avec les fans et de passer du temps avec eux. Contrairement aux concerts, il y a moins de performances, et plus de passages discussion et jeux. **Fan meeting** **D**
3. Cet objet est indispensable lors d'un concert de K-pop. Il est lumineux et il est parfois possible de le relier à la console d'éclairage de la salle de concerts *via* Bluetooth. À chaque groupe, son propre ***lightstick*** **A**.
4. Initiales de *Music Video*, désigne un clip de K-pop. **MV** **H**
5. Désigne la personne la plus jeune dans un groupe. ***Maknae*** **E**
6. Quand une chanson est numéro un sur toutes les grandes plateformes ! ***All-kill*** **I**
7. Personne chargée de mener le groupe et d'assurer un esprit d'équipe. **Leader** **K**
8. Désigne le deuxième membre préféré, celui qui vient titiller la place de numéro un dans le classement des membres d'un groupe. ***Bias Wrecker*** **C**
9. Quand un groupe ou un artiste sort une nouvelle chanson après une période de silence. **Come-back** **F**
10. Mot dérivant de la chanson d'Eminem du même nom, une autre façon de dire « fan ». **Stan** **G**
11. Mot coréen signifiant « aîné ». Par exemple, BTS sont les .... d'ENHYPEN. ***Sunbae*** **J**

C'ÉTAIT QUAND, ÇA ?

P. 62

1. Première tournée en Asie de H.O.T., qui marque le début de la vague coréenne. **A**
2. Jour de la sortie du clip de *Gangnam Style*, le hit de PSY qui a été pendant très longtemps la vidéo la plus vue sur YouTube. **G**
3. BTS donne son premier discours au sommet des Nations unies, à l'occasion du lancement de « Generation Unlimited », un projet en coopération avec l'Unicef. **D**
4. Date de naissance du leader de NCT 127. **E – TAEYONG**
5. La KCON, grande convention de la culture populaire coréenne, a lieu en France pour la première fois. **F**
6. Premier concert de K-pop en France, le SM Town à Paris. **B**
7. Brigitte Macron, l'épouse du président Emmanuel Macron, se rend au concert de BLACKPINK pour leur demander de se produire au gala des Pièces jaunes en avril 2023. **C**
8. Ce jour-là, BTS présente une performance de *Fire* à la KCON de New York. C'est une date marquante dans la carrière du groupe. **H**
9. Le groupe Wonder Girls sort son single *Nobody* en anglais, avec l'ambition de percer sur le marché américain. **I**
10. Date de naissance de Lee Soo-man, le fondateur de SM Entertainment. **J**

Comment appelle-t-on les fans de... ?

P. 66

GROUPES	FANS
BIGBANG	ARMY
BLACKPINK	VIP
NCT 127	NCTzen
TWICE	Bunnies
ATEEZ	CARAT
SEVENTEEN	BLINK
ENHYPEN	Once
NewJeans	ATINY
NCT Dream	Cassiopeia
TVXQ	Teume
TREASURE	ENGENE
BTS	

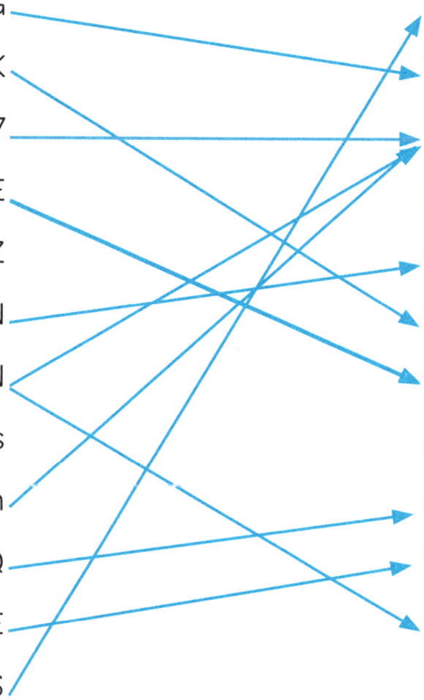

QUI CHANTE ÇA ? (1)

P. 67

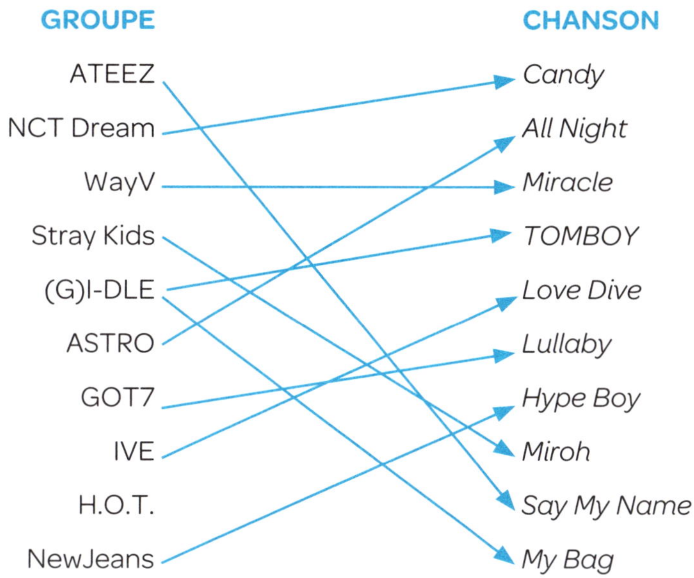

K-POP NORAEBANG

P. 68

CHANSON N° 1

« Cause I, I, I'm in the **stars** tonight
So watch me bring the **fire** and set the night a**light** (hey) »
Paroles de *Dynamite*, chantée par BTS.

CHANSON N° 2

« Let's kill this **Love**
Yeah-yeah, yeah-yeah, yeah-yeah »
Paroles de *Kill this Love*, chantée par BLACKPINK.

CHANSON N° 3

« Cookin' like a **chef**, I'm a five star **Michelin** »
Paroles de *God's Menu*, chantée par Stray Kids.

CHANSON N° 4

« 'Cause I know what you like, boy (Uh-uh)
You're my **chemical hype** boy (Uh-uh) »
Paroles de *Hype Boy*, chantée par NewJeans.

CHANSON N° 5

« *Geochin nunbit jonjae jeonbu*
Girl, you're my **Favorite**. »
Paroles de *Favorite (Vampire)*, chantée par NCT 127.

CHANSON N° 6

« You have **stolen** my **heart**, oh, yeah (Oh yeah)
Never let it go-oh-oh No, never let it go-oh, oh-oh, oh-oh, oh
Lightning **straight** to my **heart**, oh, yeah (Oh, yeah) »
Paroles de *The Feels*, chantée par TWICE.

CHANSON N° 7

« So are you **happy now**? Finally **happy** now? Yeah »
Paroles de *Eight*, chantée par IU.

CHANSON N° 8

« We'll take the **Highway** to **Heaven**
And I can't wait to **love you** all **alone** »
Paroles de *Highway to Heaven*, chantée par NCT 127.

CHANSON N° 9

« What's after like? You-ou and I-I
It's more than like »
Paroles d'*After Like*, chantée par IVE.

CHANSON N° 10

« I see you lookin' at my **P-I-C** »
Paroles de *Zoom*, chantée par Jessi.

LES MOTS DE LA K-POP, VERSION MOTS CROISÉS

P. 70

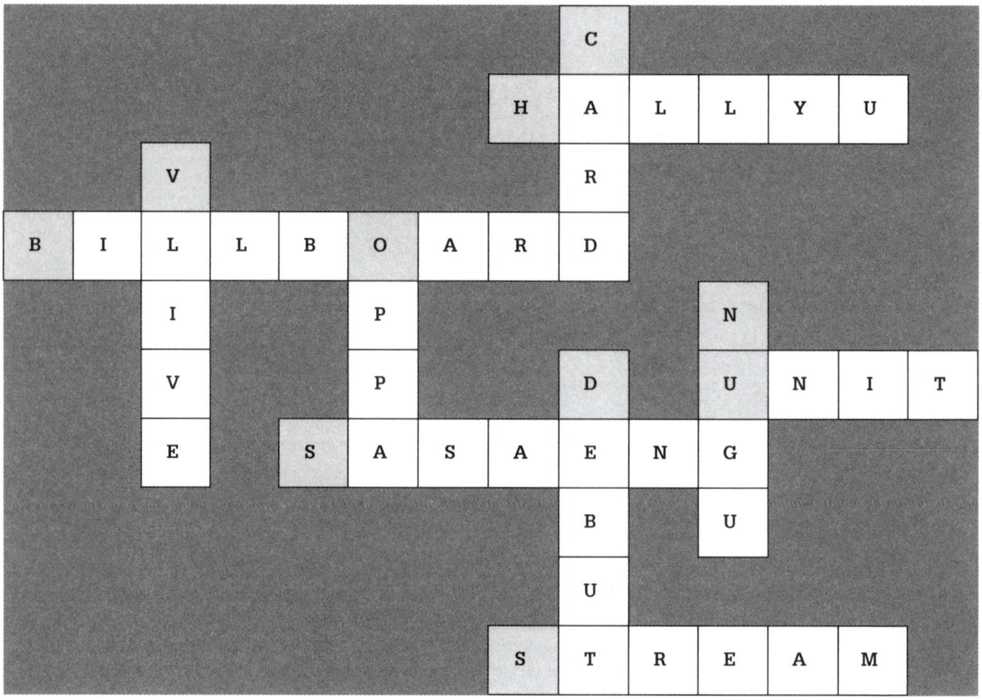

Réponse de l'énigme : ***Hubae***.

VRAI OU FAUX SPÉCIAL K-POP

P. 82

1. Les groupes de K-pop sont uniquement composés d'artistes coréens. **FAUX**
2. Les chansons de K-pop sont principalement en anglais. **FAUX**
3. Les membres des groupes de K-pop sont choisis uniquement pour leur talent vocal. **FAUX**
4. Les groupes de K-pop sont formés par des entreprises de divertissement coréennes appelées « agences ». **VRAI**
5. Les groupes de K-pop ont des fans uniquement en Asie. **FAUX**
6. Les fans internationaux de K-pop s'en fichent de suivre la culture de fan coréenne et ne font aucun effort pour s'adapter à ses codes. **FAUX**
7. Les groupes de K-pop ont des lignes de produits dérivés, comme des vêtements et des produits de beauté. **FAUX**
8. Les groupes de K-pop ne font pas de tournées. **VRAI**
9. Les groupes de K-pop ne sont pas populaires en dehors de l'Asie. **FAUX**
10. Les groupes de K-pop font la promotion de leurs chansons à travers des challenges TikTok où ils refont une partie de leur chorégraphie. **FAUX**
11. Les groupes de K-pop arborent des thèmes de mode uniques et colorés pour chaque chanson. **VRAI**
12. Les groupes de K-pop imaginent, pour leur come-back, des histoires et des intrigues développées dans leurs chansons et leurs clips. **VRAI**

13. Les groupes de K-pop évoquent parfois des sujets de société dans les paroles de leurs chansons. **VRAI**

14. Les membres des groupes de K-pop parlent parfois des langues différentes. **VRAI**

15. Certains artistes de groupes de K-pop ont fait des apparitions dans des dramas. **VRAI**

MOTS CROISÉS (2)

P. 84

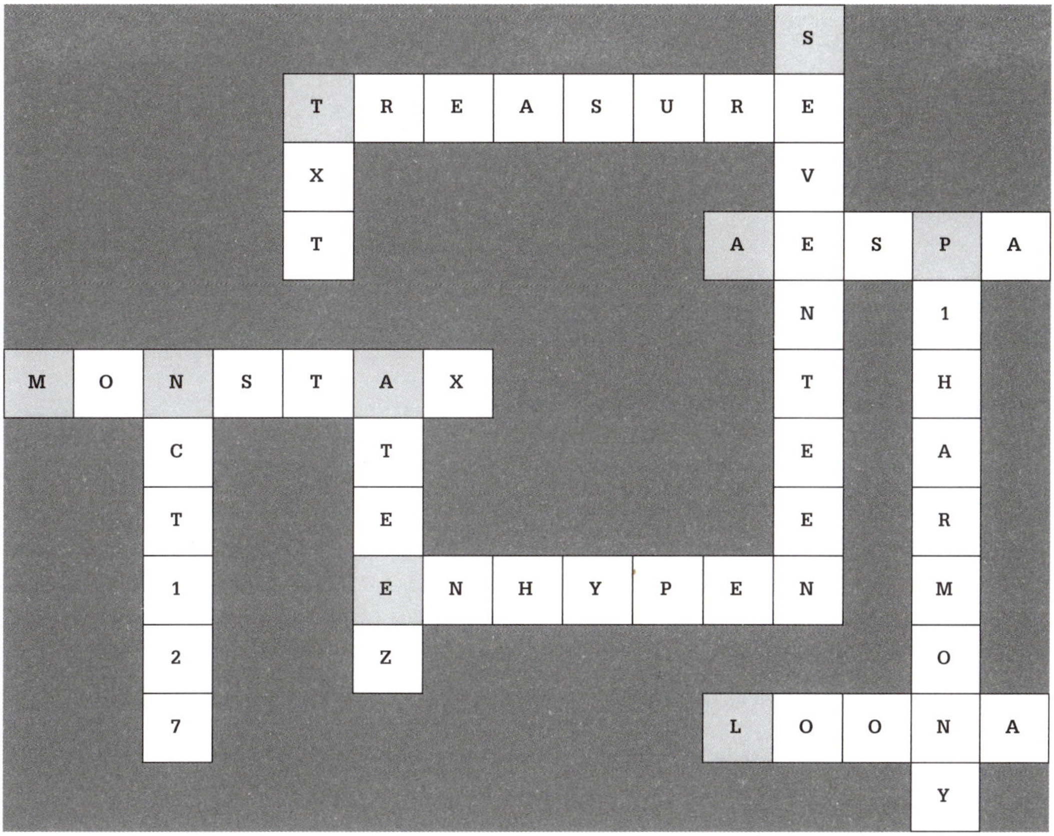

Réponse de l'énigme : **Stan**.

Le grand final

P. 92

Échauffement

Super Junior, SEVENTEEN (13) → The Boyz (11) → SF9 (9) → ATEEZ, Stray Kids (8) → Monsta X, ASTRO (6) → AB6IX (4)

Première étape

D → B → A → E → C → F → H → G → I

A. La K-pop continue de gagner en popularité en Corée du Sud et à l'étranger, avec l'arrivée de groupes tels que g.o.d, Fly to the Sky et TVXQ. **2000**

B. Les groupes féminins commencent à gagner en popularité, avec l'arrivée de S.E.S. et Fin.K.L. **1997**

C. Les groupes 2PM, SNSD et BEAST deviennent des stars de la K-pop. **2010**

D. Les premiers groupes de K-pop apparaissent, notamment Seo Taiji and Boys et H.O.T. **1990**

E. Les BIGBANG et Super Junior deviennent des groupes de K-pop incontournables. **2007**

F. PSY sort son tube viral *Gangnam Style*, qui propulse la K-pop à un niveau de popularité jamais vu auparavant. **2012**

G. La K-pop continue de gagner en popularité à l'étranger, notamment aux États-Unis et en Amérique latine. **2015**

H. Les groupes EXO, BTS et GOT7 font leurs débuts et deviennent rapidement des groupes à succès. **2013**

I. Les groupes BTS, BLACKPINK, TWICE continuent à être des groupes phares de la K-pop, et de nouveaux groupes apparaissent comme ITZY, TXT, ENHYPEN, et ASTRO. **2020**

Deuxième étape

Positions

S.Coups	Baekhyun	Kai
RM	Jihyo	Hwasa
JB	Doyoung	J-Hope
Leader	**Chanteur principal**	**Danseur principal**

RM	Jungkook
Suga	Dino
S.Coups	Lisa
Bobby	Hwasa
Rappeur principal	***Maknae***

Troisième étape

NOMS	PAYS
BamBam (GOT7)	Thaïlande
Mark (NCT127, NCT Dream)	Canada
Jake (ENHYPEN)	Australie
Momo (TWICE)	Japon
Sakura (LE SSERAFIM)	Japon
Jacob (THE BOYZ)	Canada
Lisa (BLACKPINK)	Thaïlande
Johnny (NCT 127)	États-Unis
The8 (SEVENTEEN)	Chine
Bang Chan (Stray Kids)	Australie

Quatrième étape

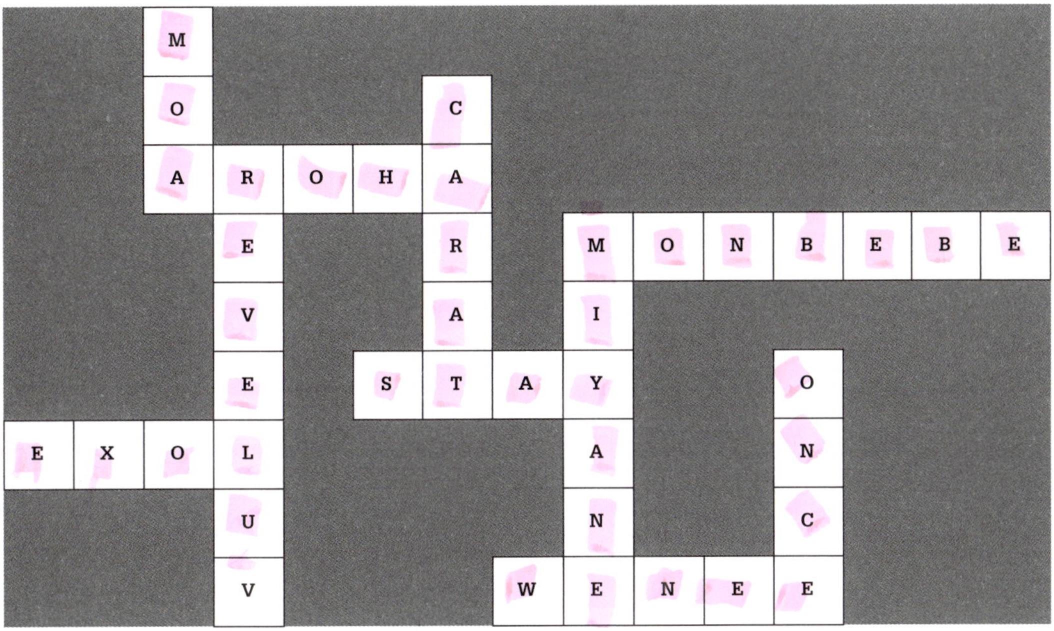

DES DÉBUTS PROMETTEURS

P. 99

1. H.
2. A.
3. F.
4. B.
5. C.
6. J.
7. I.
8. G.
9. D.
10. E.

ÉQUATIONS K-POP

P. 100

1. $\dfrac{7 \times 4}{5 - 4} = 28$

2. $\dfrac{3 \times 5}{5} = 3$

3. $2 + 2 + 4 = 8$

4. $13 - 2 = 11$

5. $3 + 2 = 5$

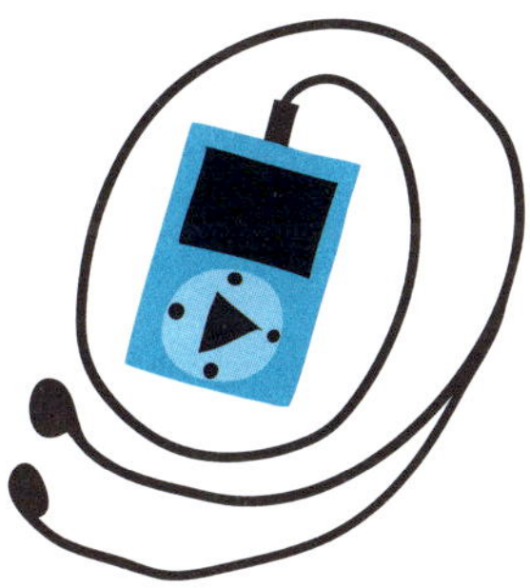

Le K-pop Émoji Quiz

P. 101

1. BTS
2. BLACKPINK
3. NCT 127
4. Red Velvet
5. TWICE
6. Stray Kids
7. ATEEZ
8. SEVENTEEN

Mots croisés (3)

P. 102

				S	M	T	O	W	N
				C					
		F	R	E	E	B	I	E	S
		A		N					
		N		E	V	E	N	T	
		C			C			A	
		H			R			L	
		A						E	
		N						N	
	S	T	I	C	K			T	
					C				
					O				
G	R	A	D	I	N				

Réponse de l'énigme : ***Catwalk***.

Qui chante ça ? (2)

P. 104

GROUPE	CHANSON
EXO	*Love Me Right*
BTS	*Come Back Home*
Seo Taiji and Boys	*Come Back Home*
NCT 127	*Sticker*
ENHYPEN	*Go Big or Go Home*
SEVENTEEN	*_WORLD*
P1Harmony	*Back Down*
Kai	*Mmmh*
TREASURE	*JIKJIN*
Sunmi	*Heart Burn*

BONUS :
APPRENDS À ÉCRIRE L'ALPHABET CORÉEN (*HANGEUL*) !

★★★

L'ALPHABET CORÉEN EST APPELÉ *HANGEUL* ET EST COMPOSÉ DE 19 CONSONNES ET 21 VOYELLES QUI SE COMBINENT POUR FORMER DES SYLLABES. IL A ÉTÉ CRÉÉ EN 1443 PAR LE ROI SEJONG POUR FACILITER L'APPRENTISSAGE DE L'ÉCRITURE POUR TOUTES LES CLASSES SOCIALES. IL EST CONSIDÉRÉ COMME UN SYSTÈME D'ÉCRITURE SIMPLE ET LOGIQUE.

En coréen, chaque syllabe est formée à partir d'une combinaison de consonnes et de voyelles. Les syllabes peuvent être simples (comme *ka* ou *nu*) ou composées (comme *gyeong* ou *hwan*). Les syllabes simples sont formées d'une seule consonne suivie d'une voyelle, tandis que les syllabes composées sont formées de deux ou plusieurs consonnes suivies d'une voyelle.

À ton tour d'essayer !

Les voyelles

ㅏ (a)	아	아							
ㅓ (eo)	어	어							
ㅗ (o)	오	오							
ㅜ (u)	우	우							
ㅡ (eu)	으	으							
ㅣ (i)	이	이							
ㅐ (ae)	애	애							
ㅔ (e)	에	에							
ㅑ (ya)	야	야							
ㅕ (yeo)	여	여							
ㅛ (yo)	요	요							
ㅠ (yu)	유	유							
ㅒ (yae)	얘	얘							
ㅖ (ye)	예	예							

ㅘ (wa)	와	와							
ㅙ (wae)	왜	왜							
ㅚ (oe)	외	외							
ㅝ (wo)	워	워							
ㅞ (we)	웨	웨							
ㅟ (wi)	위	위							
ㅢ (ui)	의	의							

Les consonnes

ㄱ (k, g)	ㄱ	ㄱ							
ㄴ (n)	ㄴ	ㄴ							
ㄷ (d, t)	ㄷ	ㄷ							
ㄹ (l, r)	ㄹ	ㄹ							
ㅁ (m)	ㅁ	ㅁ							
ㅂ (b)	ㅂ	ㅂ							
ㅅ (s)	ㅅ	ㅅ							
ㅇ (ng)	ㅇ	ㅇ							
ㅈ (j)	ㅈ	ㅈ							
ㅊ (ch)	ㅊ	ㅊ							
ㅋ (k)	ㅋ	ㅋ							
ㅌ (t)	ㅌ	ㅌ							
ㅍ (p)	ㅍ	ㅍ							
ㅎ (h)	ㅎ	ㅎ							

ㄲ (kk)	ㄲ	ㄲ							
ㄸ (dd)	ㄸ	ㄸ							
ㅃ (bb)	ㅃ	ㅃ							
ㅆ (ss)	ㅆ	ㅆ							
ㅉ (jj)	ㅉ	ㅉ							

Essaie d'écrire les noms des stars de K-pop

방탄소년단 *(Bang tan so nyeon dan)*	방탄소년단		
트와이스 *(Teu wa i seu)*	트와이스		
아이유 *(A i yu)*	아이유		
방찬 *(Bang chan)*	방찬		
정국 *(Jeong gook)*	정국		
지민 *(Ji min)*	지민		
제니 *(Je ni)*	제니		
태용 *(Tae yong)*	태용		
홍중 *(Hong jung)*	홍중		
성훈 *(Seong hoon)*	성훈		

Alors, ça t'a plu ? Si tu veux en savoir plus, n'hésite pas à consulter les liens suivants :

- en français, cours de coréen : **https://tinyurl.com/yckk6jaj**
- en anglais, First Step Korean (sur Coursera) : **https://tinyurl.com/5yffc2w5**

NOTES

NOTES

NOTES

NOTES

NOTES

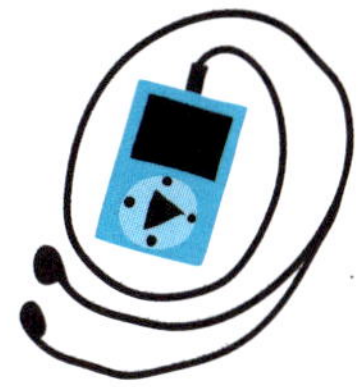